DOROTHEA FORSTER (HG.)

Weihnachten in Oberösterreich

ERZÄHLTES & ERLEBTES
VOM BÖHMERWALD BIS ZUM SALZKAMMERGUT

styria regional

Inhalt

RAUNÄCHT SAN VIER, ZWOA FOAST UND ZWOA DIARR

KLETZEN, STÖRI & TÜRKEI

GLÖCKLER, MASCHKERER & RAUNACHTSÄNGER

VON MONARCHEN UND KÖNIGLICHEN REITERN

ANHANG

Vorwort

Keine Zeit im Jahr ist so geprägt von Bräuchen wie der Advent und die Weihnachtszeit. Das hat mehrere Gründe: Einer liegt in der landwirtschaftlich geprägten Geschichte unseres Landes. Je gebirgiger der Landstrich, desto eher ruhte die bäuerliche Arbeit. Die Wintermonate waren daher für Bauern eine Zeit der weitgehenden Muße. Während der Feld- und Erntearbeit wäre eine solche Brauch-Dichte wie vom ersten Advent bis Dreikönig nicht denkbar gewesen.

Ein anderer Aspekt für ein intensives Brauchtum gerade in dieser Jahreszeit liegt in der Kälte und der Dunkelheit. Wir können uns heute nur mehr ganz schwer hineindenken in ein Leben ohne elektrischen Strom, ohne Fernwärme und dergleichen. Menschen in früheren Jahrhunderten waren gerade in der Advent- und Weihnachtszeit – wiewohl längst christlich sozialisiert – durchaus aufnahmebereit für magische Gedanken. Da kommen etwa die Perchtenbräuche her.

Man darf solche Dinge aber nicht überbewerten. So alt, wie wir denken, sind die wenigsten Bräuche. Fragt man konkret nach, wird man kaum welche finden, die länger als hundertfünfzig Jahre zurückzuverfolgen sind. Eine Unzahl von Bräuchen ist – nach einer eher nüchternen, fortschrittsgläubigen Ära der Nachkriegsgeneration – erst in den letzten zwei, drei Jahrzehnten (wieder) aufgenommen oder oft überhaupt erst eingeführt, ausgeformt worden.

Damit sind wir bei einem Phänomen angekommen, das eigentlich verblüffen müsste: Zwar sinkt die religiöse Bindung, zugleich aber erfreuen sich die Weihnachtsbräuche größter Beliebtheit. Und erst die „Signale"! An immer mehr privaten Häusern gibt es erleuchtete Fenster – mit Elektrogirlanden. Geschmückte Gärten haben an adventlicher Lichtkraft die „offiziell" illuminierten Geschäftsstraßen der Städte längst weit überholt. Der Weihnachtsmann klettert viele Hauswände hoch. Und auf jedem noch so kleinen Stadtplatz ein Weihnachtsmarkt …

Warum das so ist? Es hat mit der allzeitlichen Verfügbarkeit von fast allem heutzutage zu tun, mit der scheinbar grenzenlosen Weltperspektive, die uns die Medien auf Knopfdruck frei Haus liefern. Da bestellt im Grunde jeder gerne sein „Gärtchen", sucht und findet Heimat in lieb gewordenen und, wenn's denn sein muss, in neu erfundenen Ritualen. Bräuche gliedern das Lebens-Einerlei. Sie geben Orientierung, sie schaffen Vertrautheit, Überschaubarkeit und damit Sicherheit. Wenn es auch „Chill out" heißt – es plaudert sich heimelig am Punschstand des Weihnachtsmarkts um die Ecke.

Und schließlich: Bräuche zu pflegen macht einfach Freude und schafft soziale Bindung. Das ist vielleicht – SMS, Facebook und Twitter zum Trotz – das überhaupt stärkste Argument für das rege Brauchleben. Und genau deshalb sind die Bräuche, die in diesem Buch beschrieben werden, samt und sonders Bräuche von heute: Wir haben höchstens, um das Bestehende zu erklären, dann und wann in die volkskundlichen und kulturgeschichtlichen Nostalgie-Nischen geblickt. Um in eine gern erlebte Vergangenheit zu schauen, haben wir literarische Beiträge ausgesucht, die die Erinnerungen wachhalten mögen. Jedoch: Auch Kinder, Jugendliche und jüngere Erwachsene von heute werden dereinst ähnlich intensiv Erlebtes

zu berichten wissen. Deshalb haben wir uns die Bräuche betreffend auch nicht auf Erzähltes verlassen, sondern mit zahlreichen Personen gesprochen, die Bräuche hochhalten und mit Leben erfüllen.

Ein wichtiger Hinweis für die Leserinnen und Leser: Die Beschreibung einer Gepflogenheit an einem bestimmten Ort bedeutet nicht, dass es sie anderswo nicht auch gäbe. Vielleicht in kleineren und größeren Abänderungen. Dass die Advent-, Weihnachts- und Winterbräuche in unüberschaubar vielen Varianten leben, ist das allerschönste Zeichen: Traditionen werden nämlich gebraucht wie eh und je – und sie sind alles andere als verbraucht.

Die Weihnachtskrippe gehört ebenso zum lebenden Brauchtum in Oberösterreich. Nach der barocken Kunstkrippe in den Klöstern entstand um 1800 die volkstümliche bürgerliche Krippe in Form der großen Salzkammergut-Landschaftskrippe mit lebhaft geschnitzten Figuren. Im Krippenland an der Eisenstraße wurde die Kastenkrippe (Nagelschmiedkrippe) zur Hauskrippe. Sie fehlte in keiner Stube und auch heute noch suchen Krippenkünstler in Oberösterreich neue Formen der Darstellung der Geburt Christi.

Wer assoziiert das Lied „Stille Nacht" schon mit Oberösterreich? Und doch wurde es von einem Oberösterreicher komponiert, von Franz Xaver Gruber, geboren 1787 in der Innviertler Gemeinde Hochburg Ach am Inn. Und dass einer der frühen publizierten Texte Thomas Bernhards ausgerechnet eine Weihnachtsgeschichte war, ist eine weitere Erkenntnis, die ein Band zwischen unserem Bundesland und dem Weihnachtsfest knüpft.

Auch in vielen Werken oberösterreichischer Dichter werden die spezifischen regionalen Gepflogenheiten, die oft in der Kindheit so beeindruckt und fasziniert erlebten Bräuche rund um Weihnachten, zum Inhalt gemacht. Nun in der Sprache der Erwachsenen, aber das kindliche Staunen und Schauen wiederbelebend und dem Fest den Stellenwert gebend, den es in unser aller Leben hatte und meistens noch immer hat.

Weihnachten lässt keinen kalt. Ob im Positiven oder im Negativen. Am wenigsten die Literaten.

Die kommerziellen Auswüchse rund um Weihnachten in der Gegenwart veranlassen die einen zu hämischen Satiren, die anderen zum Versuch, Besinnung einzufordern. Lassen Sie sich überraschen, was Oberösterreicher dazu zu sagen haben.

Dorothea Forster, Reinhard Kriechbaum,
Karl Mayer

A wie Advent

Ein Adventkranz statt dem Paradeisl

Schwer vorstellbar, dass es einmal eine Zeit ohne Adventkranz gegeben hat. Aber tatsächlich gehört er – ähnlich dem Christbaum – zu jenen vermeintlich unverzichtbaren Ausstattungsstücken, die erst in jüngerer Zeit (anfangs durchaus zögerlich) Verbreitung gefunden haben. In den Städten zuerst, dann, nicht vor der Zwischenkriegszeit, in ländlichen Regionen. Das Anzünden der vier Kerzen gehört also keineswegs seit alters her zum vorweihnachtlichen Symbol-Inventar.

Es gab aber im gesamten altbayerischen Missionsraum, also auch in Oberösterreich, einen bäuerlichen Vorläufer des Adventkranzes: das „Paradeisl". Vier Äpfel wurden mit Hilfe von sechs Stäben zu einer kleinen Pyramide zusammengesteckt (drei als Basis, der vierte bildete die Spitze). Auf jeden Apfel kam eine Kerze. Eine adventliche Pyramide, die in der Mitte des Tisches oder im Herrgottswinkel der Bauernhäuser Platz fand.

Als „Erfinder" des Adventkranzes gilt der Initiator des Diakonie-Gedankens, der evangelische Theologe Johann Hinrich Wichern (1808–1881). Im Hamburger „Ruges Haus" (aus dem der Volksmund später ein „Raues Haus" machte) richtete er eine Wohnstätte für sozial gefährdete Jugendliche ein. Und dort hing 1839 erstmals ein Holzleuchter mit vier großen und 19 kleinen Kerzen (für Sonn- und Wochentage), die nach und nach entzündet wurden. Der Schmuck des Rades mit Reisig (ab 1860) führte im Lauf des späten 19. Jahrhunderts zur Ausbildung des Adventkranzes, wie wir ihn kennen. Erst verbreitete er sich in protestantischen Gemeinden in Deutschland, wo bündische Jugendbewegungen mit ihren „Julpyramiden" und dergleichen Lichtsymbolen indirekt dem Adventkranz zugearbeitet haben. Damit hielt man es aber anders, es wurden immer weniger Kerzen angezündet, auf dass das Licht zum „Julfest" bei Winterbeginn umso heller strahle.

Im Ersten Weltkrieg kamen Adventkränze als Hoffnungszeichen in die Lazarette. So verbreitete sich allmählich die Kunde vom Adventkranz auch in katholischen Landen.

Manchmal stehen drei rote oder violette Kerzen auf dem Kranz, wogegen die vierte rosa ist. Sie wird am dritten Adventsonntag entzündet. Im Gottesdienst an diesem Tag ist nicht, wie sonst, von Umkehr, Buße und Warten die Rede, sondern von der Vorfreude auf die Geburt des Herrn. Mit dem Wort „Gaudete" – Freuet euch – beginnt der lateinische Introitusgesang zum Tag, darum heißt der dritte Advent auch der „Sonntag Gaudete". ❊ KRIE-

ANNELIESE RATZENBÖCK

In Erwartung

Wie gerne machen wir Gedankenreisen zurück in die Kindheit. Die Wochen vor dem Weihnachtsfest tragen eine Fülle von Angelpunkten für unsere Erinnerung in sich: „Weißt du noch, damals …" So bleibt mir stets in Erinnerung, dass meine Mutter jedes Jahr „bald kommt der Advent" sagte, wenn sie den Reisigkranz flocht. Es war dabei ein Gemisch aus Verheißung und Trost in ihrer Stimme, so als wolle sie mich auf einen ganz besonderen Besuch vorbereiten, der nicht mehr lang auf sich warten ließ. Während ich beobachtete, wie sie aus den grünen Ästen den buschigen Kranz entstehen ließ, dachte ich nach. Der Advent – jedes Jahr diese Ankündigung und nie kam er wirklich, der, auf den ich wartete. Dieser Artikel vor dem Wort Advent setzte sich in meiner Gedankenwelt fest, es muss ein besonderer Gast sein, der kommen soll. So stellte ich mir vor, es wird in den nächsten Tagen an die Tür klopfen und herein tritt eine Gestalt und sagt mit klingender, singender Stimme: „Darf ich mich vorstellen, mein Name ist Advent." Aah – der Advent – ein Mann, ein junger oder doch nicht mehr ganz so junger Mann? Ich malte drauflos mit allen Farben meiner Phantasie, ich pinselte mir ein Bild

des Advents an den Himmel meiner Kinderwelt. Ich war aber nicht ganz zufrieden, dass es ein Mann sein sollte, aber eine Frau konnte es auch nicht sein, sonst würde die Mutter ja sagen, bald kommt die Advent. Viele Gestalten nahm er an, der Advent vor meinen Augen, bis ich endlich zur Erkenntnis gelangte, der Advent müsse ein Engel sein, es heißt ja auch „der Engel". Nun war dieses Problem gelöst – Engel kann man in vielen Bildern und Erscheinungsformen vor dem geistigen Auge aufmarschieren lassen. In den Wochen vor Weihnachten ist ja die Zeit der Engel, sie schwirren im Evangelium umher und purzeln durch die abendlichen Gebete und Lieder vor dem Lichterkranz.

Über die Tageszeit der Ankunft des hohen Besuches war ich mir immer im Klaren, es musste der dämmrige späte Nachmittag sein, eben die Zeit, die sich ein Gast aussucht, wenn er höflich ist und weiß, was sich gehört.

Natürlich würden wir den Advent sofort ins Wohnzimmer führen. Und ihn bestimmt nicht so wie die Nachbarin, die auf einen Tratsch vorbeikommt, an den Küchentisch bitten. Meine Mutter würde den Gast um ein wenig Geduld ersuchen, in die Küche huschen, Kaffee kochen und ein paar Weihnachtskekse aus der großen Dose hervorzuzaubern. Normalerweise knauserte sie sehr mit solchen Kostproben, aber für diesen Gast! Und ich, die Kleinste, die Jüngste der Familie, ich würde mit dem Gast ein Gespräch führen. Und diese Gespräche wurden ein fester Bestandteil meiner vorweihnachtlichen Träume. Wie redet man ihn an? Herr Advent? Wenn Mutter so genau wusste, dass es der Advent war, dann müsste diese Anrede stimmen, nur, sie gefiel mir nicht. Das kam mir so vor, als würde ich Herr Direktor, Herr Bürgermeister, Herr Pfarrer sagen. Aber ich fand bald einen Ausweg und sagte einfach: Lieber Advent!

Weißt du, lieber Advent, ich würde dir ja gerne etwas auf dem Klavier vorspielen, aber ich habe wieder nicht ordentlich geübt. Morgen, morgen fange ich an, fleißig zu üben, und wenn du das nächste Mal kommst, dann kann ich die Etüde Nr. 5 fehlerfrei spielen. Und übrigens, lieber Advent, wenn die Mutter jetzt für dich Weihnachtskekse aus der Dose nimmt, wird sie vielleicht merken, dass ein paar fehlen. Ich verspreche dir, dass ich bestimmt keine Kekse mehr heimlich verkoste und geduldig bis Weihnachten warte. Hoffentlich bist du vor der Tür nicht über meine unordentlich hingeschleuderten Schuhe gestolpert. Lieber Advent, wenn ich dich erwarte, werde ich sie schön zur Seite stellen. Die Mutter meint ja auch, dass sich das gehört. Sie sagt, man soll sich immer so verhalten, als ob man einen hohen Gast erwarten würde. Jetzt weiß ich endlich, was sie damit meint.

Ich wartete jedes Jahr auf meinen Advent, geduldig und voll Freude. Nie ist er angekommen und doch war er immer da. Er war in meiner Erwartung so gegenwärtig wie in den späteren Jahren leider nie mehr.

Bratwürstel zum Advent-Auftakt und zu dessen Ende

Am Beginn des Advents stehen Würstel – und am Ende ebenfalls. Dass Bratwürstel mit Sauerkraut am 24. Dezember aufgetischt werden, das gibt es auch anderswo. Aber die Bratwürstel zum ersten Adventsonntag (der daraufhin kurzerhand umgetauft worden ist in „Bratwürstel-Sonntag") – die sind eine oberösterreichische Besonderheit.

Besondere Würstel? Da sagt Gerhard Baischer, einer von gleich drei (!) Fleischhauern im kleinen Ort Lochen an der Grenze zu Salzburg, geradeheraus: „Unsere Würstel sind sowieso etwas Besonderes." Von einem kleinen Unternehmen eben. Besondere Gewürze für die Würste am Bratwürstel-Sonntag? „Je weniger Gewürze, desto besser – das Fleisch muss für sich sprechen!", so Baischer. „Salz und Pfeffer, das sollte reichen."

Baischer spricht auch gleich die regionalen Unterschiede an: Im südlichen Innviertel, „nach Salzburg hinein", würden Kalbsbratwürstl bevorzugt. In Wels, Gmunden, Bad Ischl, im Hausruckviertel und im Salzkammergut seien Schweinsbratwürstl gefragt. Das gilt wohl auch für den nördlichen Rest des Bundeslands.

Wie kommen Bratwürstel, Erdäpfel und Sauerkraut ausgerechnet zu diesem auffälligen Termin am Adventbeginn? Da muss man schon ein wenig weiter ausholen. Es hat erstens damit zu tun, dass Bauern früher nicht alle Tiere im Winter durchfüttern konnten. Es wurde also zu Winterbeginn geschlachtet. So ist übrigens auch die Martinigans zum beliebten Festessen am Namenstag des heiligen Martin geworden. Einst dauerte der Advent nicht vier Wochen, sondern so wie die Bußzeit vor Ostern vierzig Tage. Martini (11. November) markierte den Beginn und man schlug sich da ein letztes Mal die Bäuche voll. Die Gänse mussten dranglauben.

Die zweite Ursache hat mit dem Klima und der Haltbarkeit von Lebensmitteln zu tun. Wurstproduktion war nichts für die warme Jahreszeit, deshalb verlagerte man sie in den Winter. Und zu Beginn des Advents, der ja auch ein neues Kirchenjahr markiert, leistete man sich den Luxus, Fleisch in Schafdärme zu füllen.

Die oberösterreichischen Fleischhauer haben diese Gepflogenheit und das reichliche Vorhandensein von Schlachtware aufgegriffen. Um das Jahr 1820 ist erstmals bekundet, dass sie ihre Stammkunden am ersten Adventsonntag auf eigene Kosten mit Bratwürsten verwöhnten. Auch im 19. Jahrhundert war Kundenbindung schon ein Thema. Der Kremsmünsterer Pater Amand Baumgarten kam in seiner volkskundlichen Arbeit „Das Jahr und seine Tage in Meinung und Brauch der Heimat", das 1860 erstmals gedruckt wurde, auch auf den Bratwürstel-Sonntag zu sprechen. In einer Neuedition 1926 heißt es über die Würstel: „Hin und wieder sendet sie noch der Fleischer als herkömmliche Gabe seinen Kunden ins Haus." Da hatte sich der Geschenkbrauch der Fleischhauer schon überlebt, was nach dem Ersten Weltkrieg und der allgemeinen Wirtschaftslage damals kein Wunder war.

Heutzutage jedenfalls ist der Bratwürstel-Sonntag ein willkommenes Geschäft für die Fleischhauer. Auf den Speisekarten von Wirten und Hotels schlägt sich dieser besondere Sonntag nieder. Und in nicht wenigen Pfarren werden Bratwürstel nach der Sonntagsmesse am ersten Adventsonntag kredenzt.

Das Wort „Bratwurst" – und auch das „Braten" als Zubereitungsart – kommt vom althochdeutschen „brato" oder dem mittelhochdeutschen „brate": Das bedeutet so viel wie „Fleisch pur" und lebt im Wildbret ebenso weiter wie im Schweinsbraten.

Warum sind Bratwürstel eigentlich weiß, im Gegensatz zu den meisten anderen, roten Wurstprodukten? Das Pökelsalz macht rot, für die Bratwürstel hingegen verwendet man normales Kochsalz. Beim Biofleischerzeuger Sonnberg (Unterweißenbach im Mühlviertel) verrät man noch etwas: „Die Würstel für den Bratwürstel-Sonntag und auch zu Weihnachten werden ungebrüht angeboten." Das ist also ultra-frische Ware, „die gehört sofort gegessen, innerhalb von 24 Stunden".

So hält es auch der Kollege Baischer in Lochen, wenn er die ursprünglich nur im Innviertel und dort wieder vor allem im Grenzraum zu Salzburg populären „Mettenwürstel" zubereitet. „Zeitig in der Früh am 24. Dezember", betont er. „Tagesfrisch" seien diese Würstel aus Kalbsbret mit Schweinefett. Auch die „Mettenwürstel" (die traditionellerweise nach dem Besuch der Mitternachtsmesse in die Nudelsuppe kommen) sind zum Verzehr noch am selben Tag bestimmt. „Es muss ganz erstklassiges, hochwertiges Fleisch sein", bekräftigt Gerhard Baischer.

Die „Mettenwürste" sind Fleischhauern in anderen Landesteilen als Begriff fremd, aber „Mettensuppe" (gegessen nach dem nächtlichen Kirchenbesuch) ist vielerorts eine vergleichsweise schlichte kulinarische Gepflogenheit. Manchmal sind „Rauschnitten" (in Ei herausgebratene Brotschnitten) die Einlage. Im Salzkammergut hat man früher eine „Schnittlsuppe" kredenzt, eine Brotsuppe mit gekochtem Schweinefleisch.

Der Lochener Fleischermeister Gerhard Baischer ortet eine „konstant starke Nachfrage" nach den Brat- und Mettenwürsten: „Da sieht man, dass die Tradition immer noch hochgehalten wird."

✳ KRIE-

KARL GATTERMEYER
Bratwürstlsunntá

Was prásselt denn gar á so
heunt in der Rein?
Á Grücherl kimmt umá
von der Kuchl ganz fein.
Das steigt oan in d' Nasn,
frei anrázn tuats!
Was wird denn heunt bratn,
was gibts denn heunt Guats?
Ja, Bratwürstlsunntá is,
schauts enks nur an:
Da lingán die Würstl
frisch bratn und braun.
Und á Saft nuh, á guatá,
á Schüssel voll Kraut,
Wia gusterhaft als so á Mahlzeit
ausschaut.
Der Vater und d' Kinder,
die sitzn beim Tisch
Und d' Muatter bringt d' Pfann
mit die Würstln schen frisch.
Ja, da legn es sih drein,
und die Gschicht geht frei gáh,
denn Blick umán Augn,
aft is d' Pfann wieder láar.
Und der Bratwürstlsunntá
is gleich wieder um;
nettá grad das guat Grücherl
bleibt nuh lang in der Stubn.

ALOIS BRANDSTETTER

Advent

In der Vorweihnachtszeit des Jahres 1948 bekamen wir das erste Radio. Meine Eltern waren ursprünglich sehr gegen das Radiohören eingestellt. Schließlich gaben sie aber auf das Drängen von uns Kindern in Gottes Namen nach, die Mutter fuhr nach Wels und brachte ein Gerät nach Hause.

Der Vater war recht konservativ und sträubte sich gegen alles Neue, so auch gegen den Volksempfänger des Dritten Reiches. „Da steckt der Teufel dahinter", sagte er. Er war über die Erste Republik und den Ständestaat hinweg Monarchist geblieben. Die Ablehnung des Volksempfängers war seine Art des Widerstandes. Er richtete sich gegen die technische Neuerung, aber auch gegen den gottlosen Geist, der aus ihr heraustönte. Vater hatte freilich plausible und praktische Gründe für seine Verweigerung. So redete er sich dem Bürgermeister gegenüber – der zu ihm gesagt hatte: „Nun, Müller, du wirst dir doch auch einen Radio anschaffen" – auf seine Gleichstromanlage heraus, die das Betreiben des Volksempfängers, der auf Wechselstrom angewiesen sei, leider nicht erlaube. In der Familie aber sagte er: „Wenn einer keinen Radio hat, dann kann auch niemand kommen und

zu ihm sagen, er hat einen Feind- oder Schwarzsender gehört."

Es war ein kalter Tag Anfang Dezember, als die Mutter mit dem Zwölf-Uhr-Autobus aus Wels mit einem Radio heimkehrte. Sie hatte schon am Morgen zu meinem Bruder Josef und mir gesagt, dass wir sie zu Mittag vom Omnibus (sie sagte „Onibus") abholen sollen. So standen wir zur festgesetzten Zeit an der Haltestelle und sahen, wie die Leute aus dem überfüllten Autobus stiegen. Mittendrin eine kleine Frau mit einer großen Schachtel, unsere Mutter mitsamt dem Radio! Sie gab es uns zum Tragen. Das Paket war schwer und ließ so schon vom Gewicht her einiges erwarten. Zuhause wurde es vor den Augen der versammelten Familie aufgeschnürt und das Radio auf den großen Tisch gestellt. Unser neues Radio war ein Apparat mit einer ausgeprägten Vorder- und Rückseite. Die Front war eine richtige Fassade, ein mit zwei kleinen hölzernen Halbsäulen an den Ecken regelrecht architekturmäßig gestalteter Prospekt, auch orgelähnlich, während die Rückseite unansehnlich war, flach und mit einem Brett mit einigen Löchern recht lieblos vernagelt. „Vorne hui, hinten pfui", sagte Bruder Felix. Das Gehäuse machte insgesamt einen sehr massiven Eindruck, es war Vollbau. Damals wurden von der Radioindustrie auch noch Tischler und Maler beschäftigt. Gestrichen war der Kasten wie ein feines Schlafzimmermöbel. Seitlich war ein Schalter angebracht, mit dem man Lang-, Mittel- und Kurzwelle einstellen konnte. Die Mutter sagte aber, dass für uns nur die Mittelwelle in Frage komme. Außerdem habe der Verkäufer gesagt, dass man die meisten Namen, die vorne draufgeschrieben stehen, vergessen könne, für uns, habe er gesagt, komme nur Linz und München in Betracht. München sei für die Wettervorhersage sehr günstig. Die Namen der Stationen waren aber auch zu verrückt, ich hielt die meisten für reine Phantasienamen: Sottens, Hilversum, Bordeaux, Ceneri, wo hat denn einer schon so etwas gehört! „Da schau her", sagte der Vater, „da sind auch Feindsender dabei". Mir leuchtete als Kind auch sofort ein, dass für uns, eine Bauernfamilie auf dem Land, höchstens die Mittelwelle in Frage kam. Die Langwelle war sicher für die reicheren Leute in der Stadt. Die Kurzwelle wieder brachte ich mit einigen ärmeren Arbeiter-

und Kleinhäuslerfamilien in Zusammenhang. Die Ultrakurzwelle war seinerzeit noch nicht erfunden. Die Mutter sagte, dass der Verkäufer den Radio schon eingestellt und gesagt habe, dass wir ihn immer so lassen könnten, wie er ihn eingestellt hat. Die Mutter hatte dem Verkäufer gesagt, dass der Vater vor allem die politischen Nachrichten und sie und die Kinder eigentlich nur das Wunschkonzert, das immer recht schön sein soll, hören möchten. Die Mutter hatte den Verkäufer gefragt, wie man den Radio einschalten muss, damit man die politischen Nachrichten und das Wunschkonzert hören kann. Da hat ihr der Verkäufer das Radio gleich eingestellt.

Mein Bruder Felix, der die Hauptschule besucht hatte und physikalisch und technisch der Verständigste unter uns war, hatte zur Mutter gesagt, sie müsse einen Radio mit sechs Röhren verlangen. Mit sechs Röhren, sagte er, bekommt man schon eine ganz gute Musik. Als ich später einem Freund erzählte, dass wir einen Radio mit sechs Röhren bekommen haben, sagte dieser, das sei gar nichts, über sechs Röhren könne er nur lachen, sie hätten daheim nämlich einen Radio mit zwölf Röhren. Außerdem müsse man das Radio sagen und nicht der Radio. Er fragte mich, ob ich vielleicht meine, dass das Wort Radio vom Radi komme, den man auf Hochdeutsch als Rettich aus-

Advent

sprechen müsse. Dann zeigte er mir mit den Händen, wie groß ihr Radio mit den zwölf Röhren sei. „So groß", sagte ich, „ist euer Radio? Mich ziemt, du verwechselst den Radio mit dem Kachelofen", sagte ich.

Die Frage der Anzahl der Röhren spielte in den Gesprächen der Kinder über die Radios eine große Rolle, ähnlich wie die Frage der Anzahl der Steine bei den Uhren. Wenn einer seine Firmuhr bekam, war die erste Frage: Wie viele Steine hat deine Uhr? Außerdem musste es eine Armbanduhr und durfte es keine altmodische Taschenuhr sein. Wenn einer sagte, seine Uhr habe 15 Steine, dann verstummte das Gespräch. 15 war viel, mehr konnte man nicht erwarten. 15 bedeutete einen reichen Göden. Eine Uhr, die etwas wert war, musste am Zifferblatt Made in Switzerland und 15 Jewels stehen haben. Alles andere nannten die Kinder einen Prater. Ein anderer wichtiger Punkt war die Garantie. „Wie viel Garantie", fragte ich den Nachbarsbuben, „hast du auf dieser Uhr?" – „Ein Jahr", sagte er. „Da kann ich nur lachen", sagte ich triumphierend, „meine Gödenuhr hat zwölf Monate Garantie"!

Lange Zeit konnten wir kein Radio brauchen, weil wir es nicht anschließen konnten. Vater betrieb neben seiner Mühle einen kleinen Generator, der das Haus mit Gleichstrom versorgte. Der Strom aber, den der Vater von der Mühle ins Haus herüberlieferte, war für die Mutter und uns eine ständige Quelle des Ärgers. „Dass er sich mit diesem Strom nicht schämt", sagte die Mutter. „Jetzt schaut euch einmal diesen Strom an", sagte die

Mutter zu uns, wenn das Licht der Stubenlampe besonders schwach war und die Stube nur noch sehr notdürftig beleuchtete. „Sicher ist der Müller drüben auf seinen Säcken eingeschlafen und hat vergessen, das Laub vom Rechen der Turbine herauszuheuen. Und wir müssen hier im Dunkeln sitzen", sagte sie, „und sehen die eigene Hand nicht vor dem Gesicht. Wenn wir doch auch endlich bei der Stromgenossenschaft angeschlossen würden!" Auch unsere Magd beschwerte sich oft über Vaters Strom. Im Winter, sagte sie, muss sie die Kühe bei dieser Finsternis beim Euter angreifen, damit sie spürt, ob sie diese Kuh schon gemolken hat oder nicht. Leider, sagte sie, ist sie keine Katze, die auch in der Finsternis sehen kann. Vor allem im Winter, wenn der Innbach wenig Wasser führte und

Vater seine ganze Wasserkraft für den Mahlgang brauchte, bekamen wir im Haus herüben nur sehr wenig Strom ab. „Du hast es gut", spottete einmal ein Nachbar dem Vater gegenüber, „du brauchst bei deiner Funsel wenigstens nicht verdunkeln". Das war gegen Ende des Krieges, wo statt der Führerreden aus den Volksempfängern immer die Meldungen über Luftangriffe und den Anflug der Geschwader kamen und Verdunklung angeordnet wurde. Der Winter war für uns während des Krieges und nach dem Krieg bis zu unserem Anschluss an die Stromgenossenschaft immer eine sehr dunkle und düstere Zeit. „Dieses Licht", sagte die Mutter, „ist nur gut zum Ausdrehen und zum Bettgehen. Bei einer Handarbeit verdirbst du dir nur die Augen". Und sie hätte so viel zu stopfen!

Am Heiligen Abend aber war das Haus hell erleuchtet. Der Vater stellte nämlich am sogenannten Fastweihnachtstag, das ist der Heilige Abend, immer schon am frühen Nachmittag die Mühle ab und kam ins Haus herüber. Seine gesamte Wasserkraft aber warf er an diesem Tag auf den alten Gleichstromgenerator. Jetzt hatten wir es wunderbar hell in der Stube, so hell, dass einem der Raum fast fremd wurde. „So ein Licht!", sagte die Magd, „das ist ein Licht!", sagte sie, so ein Licht sollte sie alle Tage haben! Da wäre die Stallarbeit freilich eine Spielerei. Der Vater blickte stolz auf die Glühbirnen. „Heute wird ihnen eingeheizt", sagte er. Es kam aber natürlich gerade zu Weihnachten oft vor, dass eine Glühbirne ging. Die Birnen waren so sehr an die Unterversorgung gewöhnt, dass sie dem

plötzlichen weihnachtlichen Stromstoß nicht standhielten. Weihnachten war für unsere Birnen wie ein Schock. Die Mutter hatte stets Kerzen in Griffweite. Ohne Kerzen, sagte sie, stünden wir schön da.

Nachdem nun das neue Radio von uns allen gehörig bestaunt und eine Zeit lang ausprobiert worden war, sagte die Mutter, dass wir den Radio jetzt abdrehen und erst am Heiligen Tag zu Mittag, wenn sie aus Rom den Segen des Heiligen Vaters übertragen, wieder einschalten wollen. Das ist ein guter Anfang und gewissermaßen eine Einweihung für unseren Radio, sagte sie. „In der Adventszeit, in der Fastenzeit und an Freitagen", sagte sie, „gehört sich das Radiohören nämlich nicht". Die Mutter rechnete das Radiohören von Anfang an zu jenen Lustbarkeiten, die einem Kirchengebot zufolge – wie das Hochzeithalten – zu den sogenannten geschlossenen Zeiten nicht angebracht waren. Das Radiohören fiel ihrer Meinung nach eindeutig unter Lust und Vergnügen. Vergnügungen, auch unschuldige, gehörten aber nicht zum Ernst dieser Zeiten. So schickte sich etwa am Freitag auch das Ausgehen nicht. „Am Freitag gehen die Rotzigen aus", sagte die Mutter. Jährlich aber am 25. November, dem Namenstag der heiligen Katharina von Alexandrien, der Patronin der Müller und zugleich der heiratswilligen Jungfrauen, drehte die Mutter den Knopf des Radios nach links und sagte: „Kathrein stellt den Tanz ein."

Advent

ALFRED PITTERTSCHATSCHER

A wie Advent

Vor vier Wochen, am ersten Adventsonntag, war Herrn F. ein wichtiger Termin in Z. dazwischengekommen, an ein Feiern wäre, auch bei bestem Willen, nicht zu denken gewesen. Vor drei Wochen, am zweiten Adventsonntag, war er im Ausland, blieb also noch der dritte Adventsonntag, der einfach gehen musste.

„Die Mama ist schon stocksauer auf dich", sagte Karin zu ihm. „Wenn du am nächsten Sonntag auch nicht kannst, dann brauchst du eigentlich am Heiligen Abend auch nicht da sein, Papa", sagte der um zwei Jahre jüngere Fabian, der Sechsjährige, zu ihm. „Du kannst die Kinder doch nicht so enttäuschen", sagte seine Frau zu ihm. „Meinetwegen feiern wir ohne dich, Hauptsache, ich hab bis dahin meinen Führerschein", sagte der ältere Sohn, der Achtzehnjährige, zu ihm. „Auf das Feiern bin ich eh noch nie heiß gewesen", fügte er hinzu, „und dann kann ich noch für die Prüfung büffeln, wunderbar."

„Herr F." sagte sein Chef zu ihm, „Herr F., Sie sind unser bester Mann, den wir in unserer Firma haben, nur Sie kriegen den Saustall in Kärnten bei K & Sohn in Schuss. Ich wäre ja selber gefahren, aber meine Familie probt den Aufstand für den Fall, dass ich diesmal wieder nicht mit ihr Advent feiere. Meine Frau sagt, dass ich die Kinder auf keinen Fall so enttäuschen und wieder nicht da sein darf. Wenn ich am nächsten Sonntag auch nicht mitfeiere, dann lassen die mich auch zu Weihnachten nicht mehr in die Wohnung." – „Was Sie nicht sagen", sagte F. zu seinem Chef. „Sie glauben ja nicht", sagte der Chef zu F., „wie meine Familie darunter leidet, wenn ich nicht mitfeiere. Mein Sohn, der ältere, sagte unlängst, wenn ich nicht aufpasse, dann seh ich meinen Jüngsten, den Fünfjährigen, glatt erst wieder in der Pubertät."

„Was Sie nicht sagen, kann ich mir das noch …", versuchte F. seinem Chef zu antworten, aber sein Chef hatte die Bürotür schon mit den Worten „Also herzlichen Dank, Herr Kollege" zugemacht, sodass der Satz von Herrn F. „… bis morgen überlegen?" ungehört im Bürostaub und zwischen den Aktenordnern verhallte.

Die Tage vergingen, der dritte Adventsonntag stand schließlich bevor. „Ich werde wahnsinnig", schrie der Chef, „dieser Idiot, muss der gerade jetzt krank werden, wo in Kärnten K & Sohn vor der Pleite steht? Meine Frau droht mit der Scheidung, wenn ich runterfahre, und der wird krank, der Idiot."

„Papa, soll ich dir die Wärme-flasche wieder heiß einfüllen?", fragte Fabian zu Hause seinen zwei Tage vor dem dritten Advent-sonntag im Bett liegenden Vater. „Hier, ein Tässchen zuckerzucker-süßer Kaffee von deiner Leibmar-ke, herz- und magenfreundlich, Papilein", sagte Karin, während sie den Kaffee an Vaters Bett ser-vierte. „Ich geh schnell einkaufen, kann ich dir etwas mitbringen, mein armes krankes Schatzimander-

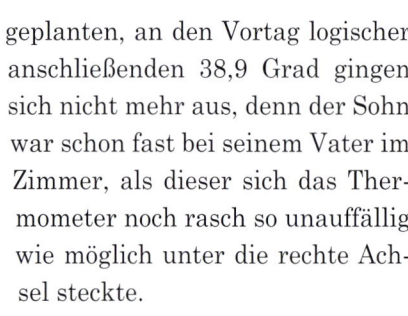

derl?", fragte F.s Frau, „etwas Gutes? Ich komm gleich wieder, ich beeil mich und versprech, mich nicht zu vertratschen." – „Hast du dein Fieber schon gemessen?", rief der ältere Sohn aus dem Stiegen-haus, im Begriff, ebenfalls gleich in Vaters Kran-kenzimmer zu eilen.

Blitzartig holte sich der Vater jetzt das Fieber-thermometer vom Heizkörper, schüttelte es von 47 Grad auf knappe 39,5 herunter, die ursprünglich

geplanten, an den Vortag logischer anschließenden 38,9 Grad gingen sich nicht mehr aus, denn der Sohn war schon fast bei seinem Vater im Zimmer, als dieser sich das Ther-mometer noch rasch so unauffällig wie möglich unter die rechte Ach-sel steckte.

„Na, und wie schaut's aus?", fragte der Sohn eher ge-langweilt, als er am Bett des Vaters angelangt war. „Keine Ahnung", sagte der Vater, „lies es doch du ab". „Was? Neun-unddreißigkommafünf? Naja, dann verschieb ich halt meinen Prüfungstermin für den Führerschein aufs neue Jahr", beschloss der Sohn mit eindeutig beeindruckter, ja fast schon erschütterter Stimme. „Glaubst du wenigstens, dass du dafür morgen Ad-vent wirst mitfeiern können?", fragte der Sohn. „Ja, ich denke schon, aber nur, wenn ihr nicht zu lange feiert", antwortete der Vater mit noch etwas mehr erbarmungswürdiger, wehleidiger, trost- wie mit-leidsheischender Stimme.

Hoffentlich blühen die Barbarazweige!

Es fehlt nicht an Tipps zum Tricksen: Den Barbarazweig vor dem winterlichen Wässern kurz einfrieren – dann, so heißt es, blühe er mit Garantie. Andere Leute schwören drauf, den Zweig ganz schräg anzuschneiden, und wieder andere klopfen das untere Ende breit. Beides soll die Wasseraufnahme fördern.

Aber gilt es wirklich, wenn man dem Glück so listenreich nachhilft? Darum geht's nämlich. Der Barbarazweig, der am 4. Dezember eingefrischt wird und am 24. Dezember tunlichst blühen soll, ist ein klassischer Orakelbrauch. Der richtige Freier, eine Hochzeit gar, könnten der jungen Dame ins Haus stehen, wenn der Kirschzweig (es geht notfalls auch Apfel oder eine andere weiß blühende Obstsorte, aber auch eine Forsythie) tatsächlich zur Weihnacht in weißer (oder gelber) Blüte steht. Auch Ernteprognosen haben Bauern früher an das Aufblühen des Barbarazweigs geknüpft.

Wie kommt die heilige Barbara, die prominente Patronin der Bergleute, zu diesem adventlichen Nebenjob, der ihr, wie alte Quellen belegen, schon im 13. Jahrhundert zugefallen ist? Biographisch weiß man wenig über die Dame, die Ende des zweiten,

Anfang des dritten Jahrhunderts in der heutigen Türkei gelebt und das Martyrium erlitten haben soll. Ja, man weiß so wenig, dass die Barbara nach dem Zweiten Vatikanischen Konzil sogar aus dem römischen Heiligenkalender rausgeflogen ist und nur mehr im deutschen Sprachgebiet als Heilige geführt wird. Hierzulande ist sie dafür beispiellos populär als eines der „drei heiligen Madl" (mit Katharina und Margaretha). Am Turm oder am Kelch mit der Hostie als Attribut erkennt man sie. Das erste Erkennungszeichen hat damit zu tun, dass der Vater seine schöne Tochter eben in einem Turm gefangen hielt. Das zweite beruht auf der Verheißung, dass niemand, der ihre Hilfe erflehe, eines plötzlichen Todes ohne Empfang der heiligen Sakramente sterben werde.

Und der Zweig? Im Mittelalter, als die kargen Biographien so vieler Heiliger blumig weitergedichtet wurden, tauchte eine rührende Geschichte auf: Die zum Christentum konvertierte Jungfrau sei in den Kerker gebracht worden, da habe

sich ein Kirschzweig in ihrem Kleid verfangen. Barbara habe ihn eingefrischt – und just am Tag ihrer Hinrichtung sei er erblüht.

Das Aufblühen passt natürlich gut zu adventlichen Vorstellungen à la „Es ist ein Ros' entsprungen" oder „Es blühen die Maien": ein Sinnbild für die Geburt des Erlösers, ein Aufblühen einer neuen Zeit. Andere sehen darin ein Zeichen der Aufmunterung: Der nächste Frühling kommt bestimmt. Übrigens wäre die christliche Jungfrau dazu ausersehen gewesen, einen Heiden zu heiraten. Die

Felsen sollen sich geöffnet haben, um die Fliehende zu verbergen. Deshalb wurde Barbara zur Schutzheiligen der Bergleute. Gemeinsam mit Katharina, Margaretha und Dorothea zählt Barbara zu den „quattuor virgines capitales" und diese Gruppe der „vier vorzüglichen Jungfrauen" gehört wiederum zu den 14 Nothelfern. Auch wenn man nicht viel hält auf den Barbarazweig als Liebes- oder Hochzeitsorakel – bei Barbara ist man in jedem Fall spirituell bestens aufgehoben.

✳ KRIE-

Impfen lassen gegen die Adventmarkt-Epidemie?

Es wird vermutlich nicht mit rechten Dingen zugehen, wenn der Steinbacher Adventmarkt in einer Internetumfrage mehr als das Doppelte der Votings erreicht als das zweitplatzierte Angebot in diese Richtung, der „Schlösser Advent" in Gmunden am Traunsee. Schon gar kommt man ins Zweifeln, wenn den über 11.000 Stimmen für Steinbach mickrige neun für Mondsee gegenüberstehen.

Wir wollen uns hier nicht auf eine Wertung einlassen und es wäre völlig hoffnungslos, auch nur einen oberflächlichen Überblick über die Adventmärkte in Oberösterreich geben zu wollen. Längst ist der Trend zum Zweit-Adventmarkt an einem Ort passé. Unter einem Dutzend Adventmärkten tut's nicht mal mehr eine Bezirksstadt – und da sind pfarrliche und karitative Ein-Tages-Märkte noch gar nicht mitgezählt.

Beispiel Linz: Der Christkindlmarkt auf dem Hauptplatz und der Weihnachtsmarkt im Volksgarten laufen fünf Wochen lang auf Hochtouren.

Der Wintermarkt auf dem Pfarrplatz, das alte Handwerk auf dem Alten Markt – nur zwei Beispiele! – sind spezifische Ergänzungen. Es darf logischerweise auch drüben in Urfahr kein adventlicher Horror vacui entstehen und droben auf dem Pöstlingberg schon gar nicht.

Muss man schon von einer Adventmarkt-Epidemie sprechen, die sogar das sich nicht minder aufdringlich breitmachende Krampus- und Perchten-Remmidemmi weit in den Schatten stellt? Wir haben es unzweifelhaft mit einer vehement sich Bahn brechenden Zeitstimmung zu tun: Die Eroberung des öffentlichen Raums (man denke an den Boom sommerlicher Straßen- und Grätzelfeste) trifft sich am Adventmarkt mit der Mode des gemeinschaftlichen Chillouts.

So wie derzeit der Trend zu Vintage und Retro stärker wird, sollte auch die Flut der Weihnachtsmärkte nicht wundern. Da die Bindung an die Zyklen des Kirchenjahres dramatisch

abnimmt, stellt sich die Frage, warum gerade Weihnachten so stark emotionalisiert. Es dürften Ur-Sehnsüchte dahinterstecken, die für Traditionen seit jeher von Bedeutung sind: Da gibt es den Wunsch nach Beheimatung und nach einer anschaulichen, fassbaren, quasi körperlich erlebbaren Gliederung des Jahreslaufs. Und: Je virtueller die Kommunikation, umso entscheidender die reale Verortung. Auf dem Adventmarkt, am Glühweinstand kommt man miteinander ins Gespräch – Facebook kann warten.

Dass das Pendel des Zeitgeists stets in die entgegengesetzte Richtung ausschlagen muss, sobald Moden ausgereizt sind, ist so alt wie die Menschheit. Deshalb giert die westliche Welt, die Bananen und Orangen, Paradeiser und Zucchini zwölf Monate im Jahr aus dem Kühlregal zu Dumpingpreisen kaufen kann, nach Knofelspinat, pardon Bärlauch, und Brennnesseln, verzeihen Sie, Wildkräutern – und vor Weihnachten eben nach Punsch und Ofenkartoffeln. Advent und Weihnachten kommen, wie es scheint, wie gerufen, und man muss sie nicht einmal erst erfinden und promoten wie den Valentins- oder den Muttertag.

Selbstverständlich aber hat die größte Industriebranche weltweit – der Tourismus – bei der Erfindung der Adventmärkte auch ein Wörtchen mitgeredet, sei es nun mit dem vergleichsweise niederschwellig beworbenen „Advent der Dörfer" in der Fuschlseeregion, mit dem Ausspielen einer quasi frei Haus gelieferten regionalen Kern-

kompetenz à la „Christkindlstadt Steyr" oder mit Marketing in großem Rahmen, wie man es dem Wolfgangsee-Advent angedeihen lässt.

Und dann steht man vor der Basilika Mondsee (zu der im Gegensatz zu amerikanischen Besuchern den Oberösterreichern und überhaupt den Mitteleuropäern glücklicherweise gar nicht so vordringlich „Sound of Music" einfällt). Da sieht man nur zu gerne darüber hinweg, dass die Pulverschnee-Überzuckerung eigentlich von einer Schneekanone stammt. Vor dieser „Kulisse" werden die Outdoorstände aufgebaut, die der Kulinarik und dem Genuss gewidmet sind (und der Musik auf einer Bühne). Drinnen im Kreuzgang des ehemaligen Klosters bieten hingegen die Kunsthandwerker ihre Produkte feil. Und plötzlich stimmt wieder vieles zusammen.

Vielleicht sollte man die Schutzimpfung vor der Adventmarkt-Epidemie doch lieber noch aussetzen …

✳ KRIE-

Advent

RUDOLF HABRINGER

Weihnachten nach Feng-Shui

AUS DEM TAGEBUCH DES VERSICHERUNGSVERTRETERS SIEGFRIED E. WINTER

29. November

Nach der Arbeit mit den Kollegen noch rasch auf einen Punsch gegangen. Es adventelt schon sehr. Wir haben uns prospektiv ein bisschen durchgekostet. Schließlich muss man wissen, wo man sich in den nächsten Wochen aufhalten soll. Der Punsch beim Obauer war ein bisschen zu süß, der beim Niederwimmer zu zimtig, der beim Wansch schmeckte nach Abwaschwasser. Beim Nidrist lagen wir richtig, ein Punsch zum Niederknien. Wir waren auch schon ziemlich knieweich. Als ich heimkam, war es halb zwölf. Hasi war noch auf. Ja, wo kommst denn du her und du riechst vielleicht nach Advent und so Sachen halt. Ich habe gar nichts gesagt. Hasi hat eine super Idee für dieses Jahr, hat sie gesagt. In den letzten Jahren haben wir schon gehabt finnische Weihnachten und Weihnachten wie im Grödnertal, Weihnachten auf Grönländisch und wie in Sizilien. Heuer möchte sie einmal Advent und Weihnachten nach Feng-Shui. Warum nicht, habe ich gesagt. Klingt nicht schlecht. Mir aber war schlecht, ich bin dann schnell ins Bett.

1. Dezember

Es war ausgemacht, dass ich den Adventkranz kaufe. Nach der Arbeit bin ich auf den Christkindlmarkt und habe vom Herndler Robert ein sehr schön gebundenes Exemplar erstanden. Die Kerzen und die Maschen ganz in violett. Das ist heuer sehr im Trend, hat der Robert gesagt. Nachher noch drei Punsch beim Nidrist mit dem Klausegger Kurti. Der Kurti hat Probleme mit seiner Freundin. Diesmal ist es ihr offenbar wirklich ernst. Sie hat den Kleiderschrank ausgeräumt und ist davon. Du hast es schön, hat er gesagt, und dass er neidisch ist auf mich, weil es mir mit meinem Hasi so gut geht. Siegi, du verstehst halt die Frauen, hat er gemeint. Es ist auch nicht alles Gold, was glänzt, habe ich gesagt. Ich bin ein bisschen früher nach Hause, wir müssen noch ein wenig Advent feiern, habe ich gesagt. Hasi hat sich ein Buch über Feng-Shui gekauft. Sie hat sich schon ein wenig eingelesen. Wie findest du den Adventkranz, habe ich gefragt. Eh super, hat sie gesagt. Und dann hat sie mich aufgeklärt. Wenn man nach Feng-Shui zu viel Violett verwendet, hat sie gesagt, hat das eine destruktive Wirkung und kann geistige Störungen hervorrufen, weil da das Kronenchakra überstimuliert wird. Wie meinst du das jetzt, habe ich gefragt, hast du das Gefühl, dass dein Kronenchakra jetzt im Moment überstimuliert wird? Im Moment nicht, hat Hasi gesagt, aber im Buch steht, dass bei Versuchen festgestellt wurde, dass Tiere, die in violetten Käfigen gehalten wurden, erkrankten. Ihre Gesundheit habe sich aber schlagartig verbessert, als die Käfige blau gestrichen wurden. Wie meinst du das jetzt, habe ich Hasi gefragt, a) haben wir keine Haustiere und b) sind wir keine Tiere. Und in einem violett gestrichenen Käfig wohnen wir auch nicht. Oder meinst du, dass wir die Wohnung jetzt blau streichen sollen, habe ich gefragt. Hasi hat gemeint, dass sie unter diesen Umständen definitiv nicht in den Advent einsteigen kann und dass ich den Adventkranz umtauschen gehen soll. Über Nacht hat sie den Kranz auf den Balkon gestellt. Die Adventfeier ist ausgefallen. Ich bin dann schnell ins Bett gegangen.

3. Dezember

Gestern habe ich den Adventkranz ausgewechselt. Ich habe gesagt, dass meine Frau auf Violett allergisch ist und dass wir da erst vor Kurzem draufgekommen sind. Der Herndler Robert, der mich ja schon sehr lange kennt, hat mich groß angeschaut und mir dann einen etwas zerzausten Kranz in die Hand gedrückt, auf dem er sitzen geblieben ist. Der Kranz ist in schönem Rot gehalten, mit roten Mascherln und roten Kerzen. Robert hat nur den halben Preis verlangt. Nachher sind wir gemeinsam auf einen Punsch gegangen. Robert hat mir erzählt, wie schwierig das Zusammenleben mit seiner Freundin ist. Die Eifersucht bringt ihn fast um, hat er gesagt. Möglicherweise hat sie ein Verhältnis und er weiß nichts davon. Beim vierten Punsch hat er mir erzählt, dass er schon seit zwei Jahren eine Art Zweitfreundin hat, von der seine Kerstin nichts weiß. Aber nichts Ernstes, eh nichts Emotionales, hat Robert gesagt. Was sagst du als Frauenversteher da dazu, hat er mich gefragt. So auf die Schnelle kann man das nicht beantworten, habe ich gesagt. Nach sechs Punsch bin ich nach Hause gegangen und habe Hasi den neuen Adventkranz gezeigt. Ich habe gefürchtet, dass sie sich aufregt, weil der Kranz schon ziemlich nadelt. Nichts dergleichen. Ihr ging es nur um die Farbe. Rot ist super, hat Hasi gesagt. Rot gehört zu den positiven Farben und steht für Freude, Glück und Vitalität. Später habe ich heimlich im Feng-Shui-Buch nachgelesen. Manche Menschen mögen kein Rot, da es auf sie zu anregend oder aggressiv wirkt, steht dort. Ich habe

überlegt, was es bedeuten würde, wenn das Rot zu anregend auf mich wirken täte. Heißt das, dass ich dann in die Kerzen beißen würde? Nach diesen Überlegungen bin ich eingeschlafen, es war schon sehr spät.

8. Dezember

Keine besonderen Vorkommnisse. Der Advent läuft gut. Die Wohnung haben wir wegen Feng-Shui ein wenig umgestellt. Wir sind mit dem Schlafzimmer in das Wohnzimmer übersiedelt, weil wir draufgekommen sind, dass uns der Straßenlärm an die Nieren geht. Nach zwei Tagen sind wir dann aus dem Wohnzimmer wieder ausgezogen, weil ja unangenehme Gerüche aus der unteren Wohnung heraufkommen. Die Reichls haben da die Küche. Das verringert die Zufuhr von Qui, das ist die positive Energie. Wir sind vorläufig ins Arbeitszimmer umgezogen. Am Abend haben wir eine kleine Adventfeier gemacht und ein bisschen gesungen. Es wird scho glei dumpa, und Leise rieselt der Schnee. Für übermorgen hat Hasi jemanden bestellt, der die Erdstrahlen ordentlich ausmisst, man kann ja nie wissen.

11. Dezember

Hasi hat es ja schon immer gewusst, hat sie gesagt. Im Arbeitszimmer hat der Auspendler Wasseradern und Kreuzungspunkte im Curry- und im Hartmanngitter festgestellt. Weil auch noch der Stressfaktor über drei Prozent beträgt, sind diese geopathischen Störfelder äußerst schädlich. Wieso beträgt der Stressfaktor mehr als drei Prozent, habe ich gefragt. Das verstehst du nicht, hat Hasi gesagt, die mir schon die längste Zeit vorwirft, dass ich mich nicht für Feng-Shui interessiere. Während sie unser Schlafzimmer in das Computerkammerl übersiedelt hat, bin ich noch schnell zum Christkindlmarkt auf einen Punsch gegangen. Interessanterweise habe ich dort Robert mit seiner Freundin getroffen. Mit seiner Erstfreundin. Robert hat mir zugezwinkert, ich habe mich gleich ausgekannt und nichts gesagt. Wir haben vier Punsch getrunken, ich habe noch einen Glühwein draufgesetzt, dann bin ich nach Hause.

14. Dezember

Es wird Zeit, dass du dich um einen ordentlichen Christbaum umschaust, hat Hasi zu mir gesagt. Nach der Arbeit habe ich mich an die Arbeit gemacht. Das Christbaumaussuchen ist schon immer meine Sache gewesen. Der Robert hat ein schönes Sortiment Tannen stehen gehabt. Direkt aus dem Hochwald, hat er gesagt. Mit einer attraktiven Tanne bin ich nach Hause. Hasi war nicht wirklich amüsiert. Sie muss jetzt leider den Baum abmessen in der Höhe, hat sie gesagt, weil nach Feng-Shui die Höhe definitiv nicht egal ist. Der Baum hat in der Höhe exakt 115 Zentimeter gemessen und war so hoch wie in den Jahren vorher auch. Hasi ist gleich blass geworden und hat sofort nach der Messung in einer Liste nachgeschaut. Jede Höhe bedeutet etwas Bestimmtes, hat sie gesagt. 115 Zentimeter fällt in den Hauptabschnitt Chieh und bedeutet

Winteridylle am Wolfgangsee

Katastrophe und außerdem im Unterabschnitt „Verlust von Nachkommen".

Was heißt jetzt Katastrophe, habe ich gefragt. Ich meine, wir haben a) keine Kinder und werden b) auch keine Kinder mehr bekommen. Der Verlust von Nachkommen kann demnach bei uns keine Katastrophe bedeuten, habe ich gesagt.

Die Hasi hat gesagt, dass ich keine Ahnung von Feng-Shui habe und dass ich mir das ganz anders vorstellen müsste. Stell dir vor, hat sie gesagt, worauf warten wir denn so sehnsüchtig zu Weihnachten, wohl doch auf die Niederkunft eines kleinen Kindes, und ich soll doch nicht so egoistisch sein und immer nur an uns denken, ich soll doch auch an alle anderen denken, die auf Weihnachten warten, und wenn dann zu Weihnachten die Katastrophe eintritt und überhaupt und der Verlust von Nachkommen.

Ich habe gar nicht mehr hingehört und auf die Feng-Shui-Liste mit den Abmessungen geschaut. Ich kann den Baum ja um zwanzig Zentimeter kürzer sägen, habe ich vorgeschlagen. Dann wären wir im Abschnitt Yi und das bedeutet viel Glück und Wohlstand. Hasi hat meinen Vorschlag einfach ab-

geschmettert. Das sei doch wohl der reine Wahnsinn, ich hätte wohl überhaupt keinen Sinn für Proportionen und so weiter.

Kurz gesagt: Ich habe den Christbaum gleich wieder mitnehmen dürfen. Robert hat den Baum ohne mit der Wimper zu zucken zurückgenommen. Beim Nidrist habe ich den Klausegger Kurti getroffen. Der fühlt sich derzeit sauwohl und überlegt, ob er nicht über die Feiertage nach Sharm el Sheik auf Urlaub fahren soll. Weihnachten auf Arabisch, warum nicht, hat er gemeint und gefragt, wie es mir geht. Ich habe ihm erzählt, dass wir derzeit im Computerkammerl schlafen. Eine genaue Analyse der Erdstrahlen hat allerdings ergeben, dass es auch im Computerkammerl Kreuzungspunkte im Hartmanngitter gibt. Am besten wäre es, hat der Auspendler gesagt, wenn wir im Stehen schliefen. Ich habe den Vorschlag gleich in die Tat umgesetzt. Beim Reden mit dem Klausegger Kurti sind die Stunden vergangen wie nichts. Um vier Uhr früh habe ich mir gedacht, jetzt ist es auch schon wurscht und zu spät zum Heimgehen. Bei einem Reiseachterl haben wir den Abend ausklingen lassen und sind dann in die Bäckerei Binder frühstücken gegangen. Um sieben bin ich gestärkt im Büro gesessen.

18. Dezember

Heute habe ich einen zweiten Versuch mit einem Christbaum gemacht. Ich habe dem Robert gesagt, dass wir einen kleineren Baum brauchen, weil uns sonst der Baum zu viel Tageslicht nimmt. Mit einer kleinen, sich hübsch nach oben verjüngenden Tanne, nicht größer als einen Meter, bin ich nach Hause gekommen. Hasi hat mir fast wortlos und noch im Vorhaus das Feng-Shui-Buch mit dem Kapitel über günstige Pflanzen unter die Nase gehalten. Schau dir das an, hat sie aufgeregt gesagt und auf eine Zeichnung gedeutet. Da war ein Nadelbaum abgebildet, der meinem mitgebrachten Tannenbäumchen sehr ähnlich sah. Vermeiden sie spitzgeformte Bäume mit dünnen Nadeln, ist da gestanden und, ungünstige Baumform mit Rufzeichen. Ich habe gleich gewusst, dass ich die Tanne wieder zu Robert zurückbringen darf.

Hasi hat mir zwei Zeichnungen im Buch gezeigt, unter denen günstige Baumform stand. Ich habe mir die zwei Zeichnungen abgepaust und bin zurück zu Robert. Hast du nicht so etwas, habe ich gefragt. Den Robert kann nichts mehr erschüttern. Wir haben Dezember, hat Robert gesagt. Was du mir da zeigst, ist aber ein Laubbaum in vollem Saft.

Trägt Laub von Mai bis November. Und das da ist eine Pappel. Wenn du möchtest, kann ich eine bestellen. Ich habe dann doch Bedenkzeit erbeten.

Anschließend bin ich mit Robert noch auf den Christkindlmarkt. Habe den Klausegger Kurti getroffen. Kurti hat sich jetzt einen Hund zugelegt. Weil er gelesen hat, dass man als Hundebesitzer sehr leicht Bekanntschaft mit dem anderen Geschlecht schließen kann. Wie er mir erzählt hat, dass er dem Hund eine Hundekiste gekauft hat, bin ich stutzig geworden. Was hat denn die Hundekiste für eine Farbe, habe ich wissen wollen. Das hat der Kurti auf Anhieb gar nicht gewusst. Ich habe ihm von den Tieren erzählt, die in dem violetten Käfig krank geworden sind. Und dass Rot aggressiv machen kann. Nach fünf Punsch und mehreren Häferln Glühwein ist der Kurti ganz verwirrt nach Hause gegangen.

21. Dezember

Als ich heute nach der Arbeit nach Hause gekommen bin, ist mir Hasi ganz aufgelöst entgegengekommen und hat völlig unverständliches Zeug dahergeredet. Wir müssen Weihnachten verschieben, hat sie gestammelt, wir müssen Weihnachten definitiv verschieben. Seit Tagen beschäftigt sie sich schon mit den chinesischen Zahlen, jetzt ist sie draufgekommen, dass es sehr viele Zahlen mit negativer Bedeutung gibt. Deshalb kommt Weihnachten am 24. auch nicht mehr in Frage. 24 ist eine absolut ungünstige Zahl und bedeutet nach Feng-Shui: Es ist leicht zu sterben. Verstehst du, was ich meine, hat Hasi gesagt. Wir haben dann geschaut, ob wir einen Tag finden, an dem es unbedenklich ist, Weihnachten zu feiern. Der 25. ist schlecht, weil manche Feng-Shui-Schulen die Fünf mit Leere und insofern mit bösen Geistern gleichsetzen, der 26. ist wegen der Sechs auch nicht günstiger. Weil die Zahl sechs von der Aussprache her auch grün bedeutet. Grün wiederum bedeutet einen Partner, der einen grünen Hut trägt. Das aber bedeutet, dass er untreu ist. Wir haben uns dann auf den 27. geeinigt, weil die Sieben eine heilige Zahl ist, die von den Chinesen bevorzugt wird. Allerdings war dann noch nicht klar, was wir mit der Oma machen. Die besucht uns jedes Jahr am 24., da fährt die Eisenbahn drüber. Seit einigen Monaten wohnt sie im Altersheim mit einer beginnenden Demenz. Hasi hat gemeint, dass sie die Oma in den Tagen vor dem Fest einmal testen wird, ob sie sie nicht doch überlisten kann. Die Zahlenmystik hat mich derartig geschlaucht, dass ich um neun ins Bett gefallen bin und zwölf Stunden durchgeschlafen habe.

22. Dezember

Heute habe ich mich, ausgerüstet mit einer genauen Instruktion von Hasi, auf den Weg zu Robert gemacht, um einen Christbaum zu kaufen. Ein Laubbaum kommt natürlich nicht in Frage, habe ich ihm beschieden. Mein Hasi hat mir genau ausgerechnet, wie hoch und wie breit ein Christbaum nach Feng-Shui sein darf. Am besten ist der Hauptabschnitt eins, hat Hasi gesagt. Der Hauptabschnitt eins geht von null Zentimeter bis exakt fünf Zentimeter 37. Dann ist man im Unterabschnitt Chai, was immer Reichtum, Wohlstand und Harmonie bedeutet. Ich hätte gern einen Christbaum, der die fünf Zentimeter 37 unterschreitet, habe ich zu Robert gesagt. Da bringst du mich aber in Verlegenheit, hat Robert gesagt, der sonst nicht so leicht in Verlegenheit zu bringen ist. Er hat mir dann von einem größeren Baum ein Asterl heruntergeschnitten, wir haben noch einmal nachgemessen. Fünf Zentimeter 20. Für ein Kerzerl wird es langen, hat Robert gesagt. Ich habe den Christbaum gleich nach Hause getragen. Ein bisschen klein ist er schon, hat Hasi gemeint, aber dafür haben wir mit dem Aufputz nicht so viel Arbeit. Was machen wir mit der Oma, habe ich gefragt. Die Oma sieht schon ziemlich schlecht, vielleicht wird es ihr gar nicht mehr möglich sein, das Asterl als Christbaum zu identifizieren. Wir haben vereinbart, dass ich das Asterl aus einem geschickten Winkel mit dem Diaprojektor anleuchten und den Schattenriss an die Wand werfen werde, was auch wieder auf die ungefähren Ausmaße eines größeren Christbaumes hinauslaufen wird.

23. Dezember

Heute bin ich schon ein bisschen früher nach Hause gekommen, weil wir im Büro beschlossen haben, dass wir es am Abend auf dem Christkindlmarkt, bevor die besinnliche Zeit zu Ende geht, noch einmal richtig sausen lassen wollen. Zu Hause habe ich leider eine unerfreuliche Überraschung erlebt.

Weil ich so früh nach Hause gekommen bin, habe ich Hasi mit dem Auspendler, der uns vor Kurzem die Wohnung ausgependelt hat, im Bett erwischt. Ich habe die beiden sozusagen in flagranti nackt beim Auspendeln erwischt. Es hat so ausgeschaut, als wolle der Auspendler a) das Bett und b) den Körper von Hasi auspendeln. Mit dem Auspendeln war dann sofort Schluss. Er hat sehr rasch die Wohnung verlassen. Hasi hat überhaupt kein Einsehen gehabt und ziemlich viel und ziemlich schnell geredet. Du läufst immer ganz in Schwarz herum, hat sie gemeint, ich trage wahrscheinlich großen Kummer in mir, das bedeutet einen unerkannten inneren Todeswunsch, und wer soll das denn aushalten, wer kann denn mit so einem wie mir zusammenleben. Sie ist ja Schlange im Sternzeichen und ihr Element Holz, ich aber Ratte und mein Element Metall, wie soll denn das zusammengehen, meine Himmelsrichtung sei der Südosten, ihre aber der Westen und da sehe man, wir passten halt definitiv nicht zusammen. Du bist ein Vampir, hat sie gesagt, dein Qui fließt zu langsam, du blockierst mit deinen Stresszuständen alles im Haus, wegen mir sei ein unheimlich schlechtes Qui in der Wohnung, überall sei der Quigehalt auf unter 40 Prozent gesunken, sie habe noch einmal nachgemessen. Und außerdem: Deine Körpergröße, also meine Körpergröße, falle auch in den Abschnitt sechs, was nichts

anderes als Katastrophe bedeute – und Unterabschnitt c. Und sie hält mir das Buch unter die Nase. Da lese ich: Zwang, das Haus seiner Vorfahren zu verlassen, Vertreibung aus dem Wohnort oder aus dem Büro. Was sage ich: Ich habe dann auf der Stelle die Wohnung verlassen und bin auf den Christkindlmarkt. Dort habe ich dann den Punsch langsam, aber stetig fließen lassen, bis mehr als zwei Prozent davon in meinem Blut war. Dann habe ich den Klausegger Kurti getroffen. Das mit dem Hund hat nicht so funktioniert, wie er sich das vorgestellt hat. Als er nämlich die Kiste gelb angestrichen hat, hat ihn der Hund in den Fuß gebissen. Wir haben dann so lange gesoffen, bis wir garantiert kein Qui mehr von uns gegeben haben.

24. Dezember

Heute bin ich ausgezogen. Der Auspendler war schon wieder in der Wohnung und offenbar immer noch nicht fertig mit dem Auspendeln. Mir doch egal. Ich habe Robert beim Verkauf der letzten Christbäume geholfen. Aus den letzten vier schleißigen Fichten, die er nicht mehr angebracht hat, haben wir dann ein kleines Feuer gemacht. Dann sind wir zu Roberts Erstfreundin Kerstin gefahren und haben Weihnachten auf Österreichisch gefeiert. Mit einem richtigen Baum mit 115 cm. Ich habe extra violette Servietten aufgelegt. Dann haben wir ein knuspriges Weihnachtsganserl geschmaust und eine Unmenge von Keksen gegessen. Wir haben Stille Nacht gesungen. Alle Strophen. Die Erstfreundin hat mir mehrmals deutlich zugezwinkert. Möglicherweise ist ein schlechter Wind durch das Haus gefahren. Es hat mich nicht gestört. Was ich im Moment noch nicht weiß: Ob ich a) mir einen Hund kaufe, oder ob ich b) nicht doch Kerstin anrufe. Sie weiß anscheinend mehr, als dem Robert gut tut. Was ich defintiv weiß: Mit Feng-Shui habe ich fertig. Das steht fest. So sicher wie eine Tanne im Wald.

36

24 Fenster, kleine und große

Eine einprägsame pastorale Initiative hat sich Pfarrer Konrad Hörmanseder in Perg einfallen lassen: Da finden abends ab dem 1. Dezember jeden Tag um 18.15 Uhr kurze Adventfeiern im öffentlichen Raum statt. In 24 Fenstern im Ortsgebiet wird zu Adventbeginn ein gelber Karton mit roter Ziffer angebracht. „So wissen die Leute, wo an dem Tag die Adventfeier stattfindet", erklärt Hörmanseder. Familien, Vereine und pfarrliche Gruppen, aber auch Geschäftsleute, laden ein und gestalten die kurzen Andachten. Vom Hirtenspiel über meditative Texte bis zum Adventliedersingen reicht die Palette. Zwischen 15 und 100 Leute nehmen teil. Seit wann gibt es diese Art von „Adventkalender" in Perg? Der Pfarrer weiß es gar nicht mehr so genau, „2005 oder schon 2004 haben wir begonnen – es ist unterdessen so selbstverständlich geworden." Ein Brauch eben, der „fast jedes Jahr" stattfinde. Was war der Beweggrund? „Ich

wollte einfach den Tag unterbrechen", sagt Konrad Hörmanseder unprätentiös.

Der Adventkalender: Damit assoziierten Generationen von Kindern die Papierkalender mit Fensterchen zum Öffnen. Seit wann gibt es eigentlich solche Kalender, die in kaum einem Kinderzimmer fehlen? Noch keine hundert Jahre ist diese verbreitetste Art des Adventkalenders alt. Erst um 1920 kamen die ersten gedruckten Bögen mit Türchen auf den Markt.

1902 veröffentlichte die Evangelische Buchhandlung in Hamburg den ersten gedruckten Kalender in Form einer Weihnachtsuhr für Kinder. Als eigentlicher Erfinder des Adventkalenders gilt aber Gerhard Lang (1881–1974), Sohn eines evangelischen Pastors in Maulbronn in Baden-Württemberg. Seine Mutter hatte auf einen Karton 24 Kästchen gezeichnet und in jedes ein Keks genäht (also eigentlich eine Vorform jener Kalender,

hinter deren Fenster sich Schokolade verbirgt – so etwas wird industriell seit 1958 hergestellt). Gerhard Lang, der in München Mitinhaber eines lithographischen Unternehmens wurde, entwickelte ab 1903 die Idee seiner Mutter weiter: Vorerst waren kleine Motive von einem Bogen abzuschneiden und Tag für Tag auf die leeren Flächen zu kleben. Später kam ein evangelischer Geistlicher auf die Idee, zwei Druckbögen übereinanderzulegen und perforierte Türchen zu stanzen – Gerhard Lang hat diesen Einfall aufgegriffen und drucktechnisch umgesetzt. Etwa 40 unterschiedliche Adventkalender soll Lang im Lauf dreier Jahrzehnte gedruckt haben. Doch die Zeit war nicht günstig für die Geschäftsidee, wirtschaftlich nicht und alsbald auch ideologisch nicht. Erst nach dem Zweiten Weltkrieg, ab 1946, machte der Stuttgarter Verleger Richard Sellmer die Sache zur Seinen – und eroberte prompt die Marktführerschaft.

Eine relativ junge Entwicklung ist es, echte Fenster an Häusern zu schmücken. Mit Rathäusern hat es begonnen: Zum riesenhaftesten Adventkalender in Österreich mutiert jedes Jahr das Wiener Rathaus. In Oberösterreich ist der Rathaus-Adventkalender Grieskirchen weitum bekannt. Jeden Abend um 18 Uhr ist es so weit. Da kommt der Nachtwächter mit geschulterter Hellebarde und Laterne, nachdem er in Begleitung eines Trommlers (seltener auch einer Trommlerin) eine Runde durch den Ort gedreht hat, um die Leute auf das bevorstehende Ereignis aufmerksam zu machen. Dann wird am Rathaus also ein weiteres Fenster geöffnet. Künstler aus der Region, Schülerinnen und Schüler, auch Kindergartenkinder gestalten die Fenster. Weil auch Bewohner aus Nachbargemeinden mitmachen, hat der Grieskirchner Rathaus-Adventkalender überregionale Bedeutung – aber mit Tourismus in weiterem Sinne hat die Initiative nichts zu tun.

Das ist nicht überall so: Als „Adventkalenderdorf" vermarktet sich Steinbach, 15 Kilometer südlich von Steyr. In sieben Häusern rund um den Ortsbrunnen werden 24 Fenster künstlerisch gestaltet. Man macht das seit 1988. Um die 25.000 Menschen kommen jedes Jahr zum Steinbacher Advent. Ähnlich hält man es auf dem Marktplatz von Wimsbach im Almtal, wo vor allem die Vereine zuständig sind für die Gestaltung der Adventfenster.

Advent

„Unsere Ehrenbürgerin, Frau Oberschulrat Maria Kammerer, hat die Idee der Adventfenster in den Markthäusern umgesetzt", erinnert sich Franz Xaver Hölzl, Bürgermeister in Weitersfelden (Bezirk Freistadt). Hier also tut man's seit 1990. Solche Initiativen sind in ihrer die Dorfgemeinschaft stärkenden Funktion nicht zu unterschätzen, gerade dort, wo der Brauch wie eben hier nicht auf touristische Vermarktung hinzielt. Vereine und Wirtschaftstreibende, engagierte Kunsthandwerker und Hobbykünstler machen das Anliegen zu

dem ihren. Eine Besonderheit in Weitenfelden: Am 7. Dezember, dem Gedenktag des heiligen Ambrosius, hält der lokale Imkerverein nicht nur die sogenannte „Ambrosiusmesse" (einen Dankgottesdienst für den Schutzheiligen der Zunft), es gibt da auch einen Imkerbasar – und selbstverständlich hat auch ein Adventkalender-Fenster mit Bienen und Honig zu tun.

In Oberneukirchen sieht man im Advent jeden Tag nach 17 Uhr eine Gruppe von zehn bis 40 Kindern im Volksschulalter mit Laternen vom Marktplatz wegziehen. Auch dort sind Häuser mit geschmückten Fenstern das Ziel. „Es wird angeklopft, um Einlass gebeten, die Kinder ziehen die Schuhe aus", erzählt Erika Danglberger, die Leiterin des Eltern-Kind-Zentrums vor Ort. Ungefähr zehn bis 15 Minuten dauert die Adventfeier im häuslichen Kreis. „Es werden Spiele veranstaltet, Adventlieder gesungen, Geschichten gelesen." Eher seltener wird gebetet, der „lebende Adventkalender von Neukirchen" hat nichts mit der Kirche zu tun (die Feier am 24. Dezember findet freilich in der Pfarrkirche statt). Vereine und Einrichtungen, die mit Kindern zu tun haben, sowie Familien mit Kindern, richten diese

Anziehungspunkt für viele:
Das Adventkalenderdorf
Steinbach an der Steyr

täglichen Adventfeiern aus. „Spirituelle Inhalte, nicht Kommerz", wünscht sich Erika Danglberger, die die Organisation überhat. „Aber wenn eine Mutter anfängt mit Keksen …" Elisabeth Freundlinger, eine hier ansässige Landtagsabgeordnete, hat die Initiative vor 24 Jahren mitbegründet, ihr Haus ist traditionellerweise die letzte „private" Station am 23. Dezember, dort gibt es auch einen Sektumtrunk für die Eltern der Kinder.

Rorate

„Engelamt" hat man früher gesagt oder auch „Güldene Messe". Die eine Bezeichnung gehört zu dem aus diesem Anlass gern gelesenen Evange-

liumsbericht, wonach der Engel Gabriel Maria verkündet, dass sie dazu ausersehen sei, Gottes Sohn zu gebären. Die zweite Bezeichnung, einst auch als „Missa aurea" geläufig, ist mit der Uhrzeit des Gottesdienstes und der Kerzenbeleuchtung zu erklären. Diese Elemente machen den Besuch der frühmorgendlichen Adventmesse für viele Menschen besonders anziehend.

Zum Kerzenlicht ist natürlich zu sagen: In früheren Jahrhunderten ist man damit sparsamer umgegangen als heute, denn Bienenwachs war ein wertvoller Grundstoff, den sich die Lebzelter und Wachszieher gut bezahlen ließen. Eine industrielle Produktion von Kerzen kam erst vor Mitte des 19. Jahrhunderts auf, Voraussetzung war die Erfindung von Stearin (1818) und Paraffin (1837). Pflanzliche und tierische Fette oder Öle, verfestigt durch Verseifung, sind die Basis fürs Stearin, wogegen Paraffin ein Nebenprodukt der Erdölverarbeitung ist.

Aber wer denkt bei der stimmungsvollen adventlichen Morgenmesse bei flackerndem Kerzenschein schon über solche Dinge nach! Die Rorate-Messen gehören zu den gut besuchten im liturgischen Jahr – und zwar von Jungen wie von Alten, obwohl die Angelegenheit meist mit extrem frühem Aufstehen verbunden ist. Aus einem Pfarrbrief jüngsten Datums in Kopfing (Bezirk Schärding): Zu diesen Messen seien „alle Kinder und Erwachsenen herzlich

eingeladen, mit Laternen zu kommen". Die Rorate sei „nach altem Brauch eine stimmungsvolle Möglichkeit, sich auf das Weihnachtsfest vorzubereiten". Und dann noch eine Verlockung: Kinder, die im Lauf des Advents nicht öfter als drei Mal gefehlt haben, bekommen am 24. Dezember nach der letzten Rorate ein kleines Geschenk.

„Tauet Himmel, den Gerechten, Wolken regnet Ihn herab", gehört zu den volkstümlichsten Adventliedern überhaupt. Damit ist genau das Bild angesprochen, das der Messe den Namen gegeben hat: „Rorate caeli desuper, et nubes pluant justum", heißt es bei Jesaja 45,8. „Taut, ihr Himmel von oben, ihr Wolken, lasst Gerechtigkeit regnen!", so die Einheitsübersetzung der Bibel. Wörtlich: „… und die Wolken regnen den Gerechten."

Schon im 15. Jahrhundert sind Roratemessen bekundet. Vor der Liturgiereform des Zweiten Vatikanischen Konzils waren die Rorateämter Bittmessen zu Ehren Mariens. Jetzt legt man doch eher einen inhaltlichen Schwerpunkt auf das Bitten und das Warten auf den Erlöser. Es ist eine gute Gelegenheit für Kirchenchöre und vor allem auch für kleinere Vokalgruppen, das einschlägige Liedgut zu

pflegen. Gerade der Advent hat ja eine Fülle von geistlichem Volksmusikgut hervorgebracht, das in diesen Messen gerne gesungen wird. Auch das spielt mit, warum die Rorate so gefragt ist und so gut wie in keiner Pfarre fehlt. Ist der Teilnehmerkreis überschaubar, kommt es in manchen Pfarren vor, dass sich ein gemeinsames Frühstück an den Gottesdienst anschließt. ❊ KRIE-

Gott Junior hat die Postleitzahl 4411

Im (vor)weihnachtlichen Epizentrum von Wallfahrt und Post: Christkindl bei Steyr

Für viele Menschen ist Gottvater ja schon recht weit weg – aber der Sohn ist auf dem Postweg gut zu erreichen. 4411 ist die Postleitzahl. Abstempelung im Regelfall per Maschine, aber gegen entsprechenden Aufpreis (in Briefmarken oder mit internationalen Antwortscheinen) werden auch Sonderwünsche erfüllt. So einfach ist das.

Aber seit wann amtiert das Christkind eigentlich hienieden auf Erden, ausgerechnet in einem Ortsteil von Steyr?

Der Ursprung des Wallfahrtsortes Christkindl liegt in der Zeit um 1695. Ferdinand Sertl, Feuerwächter am Stadtpfarrturm in Steyr, erwarb von Klosterfrauen ein Christkindl aus Wachs, das er in die ausgeschnittene Höhlung eines Fichtenstammes im „Wald Underm Himel", wie die Gegend damals hieß, stellte. Mehrmals in der Woche wanderte er von Steyr hierher, um zu beten. Sein Vertrauen wurde belohnt, er wurde von der „hinfallenden Krankheit" (Epilepsie) wunderbar geheilt.

Bald fanden sich immer mehr Leute ein, die das Christkindl verehrten. Da entstand der Name „Zum

Unterm Himmel:
Die barocke Wallfahrtskirche
in Christkindl

Christkindl unterm Himmel". Aus vielen Opfergaben konnte eine Holzkapelle errichtet werden und in den Jahren 1702 bis 1725 die heutige Kirche. Sie wurde vom italienischen Architekten Giovanni Battista Carlone begonnen und von Jakob Prandtauer vollendet: Das nur zehn Zentimeter große Wachs-Christkindl logiert im besten österreichischen Barock. Die Gnadenfigur ist am Hochaltar in einem kleinen, von einem Strahlenkranz umgebenen Schrein oberhalb des als Weltkugel geformten Tabernakels zu finden. In den Hochaltar ist auch der originale Baumstamm eingearbeitet.

An die 100 ehrenamtliche Helferinnen und Helfer schaukeln den Betrieb, denn an Adventwochenenden ist der Andrang beängstigend. Bis zu 20.000 Personen kommen im Advent und über die Weihnachtstage hierher. Man kann ja nicht nur ins Postamt und in die Kirche gehen. Im Krippenmuseum (Pfarrhof) zu bestaunen: die mechanische Krippe von Karl Klauda (1855–1939) etwa. Sie hat ein (für damalige Verhältnisse) High-Tech-Innenleben, eine raffinierte Bewegungsübertragung mit Fahrradketten und Zahnrädern. So bewegt sich mehr als die Hälfte der fast 300 geschnitzten Figuren

in acht Kreisen durch die biblische Landschaft: Im Zentrum steht die Heilige Familie mit Hirten. Ein heilsgeschichtlicher Zug zeigt Adam und Eva, alttestamentliche Figuren, gefolgt von Jesus mit den Aposteln und historischen Figuren. Der Einzug der Heiligen Drei Könige und die Flucht nach Ägypten werden ebenso bewegt wie originelle Darstellungen aus dem heimischen und orientalischen Leben. Reif fürs Buch der Rekorde ist sie möglicherweise, die Südtiroler „Pöttmesser-Krippe". 58 Quadratmeter nimmt sie ein, mit 778 Figuren, die bis zu 30 Zentimeter groß sind.

„Die fehlenden Punschstände sind unser Qualitätsmerkmal", betont man in Christkindl. „Post und Kirche leben in guter Nachbarschaft nebeneinander – die Interessen sind naturgemäß verschieden." Hier verkauft man Marken und Stempel, dort

Begehrte Sammlerstücke nicht nur für Philatelisten: Die weltberühmten Christkindlstempel und -marken

bemüht man sich, den vielen Besuchern vom ursprünglichen Sinn der Wallfahrt zu erzählen und eine ganz gewöhnliche Ausflugsfahrt vielleicht in eine Wallfahrt umzuwandeln. „Ich meine das Hingehen zum Christkindl in dem Glauben, dass einem geholfen werden kann, und die Zeit, um ein wenig Ruhe und Besinnung zu finden und dann vielleicht getröstet wieder wegzufahren", sagt Alois Dinböck, der lange Zeit als Pfarrer in Christkindl wirkte.

Bei passendem Wetter ist es ein schöner Spaziergang über den historischen Stadtplatz von Steyr, über den Pfarrberg weiter bis zum Christkindlweg am Rande der Christkindlsiedlung. Zurück wandert man entweder auf derselben Strecke oder man geht über die Engelsstiege hinunter in den kleinen Vorort Unterhimmel. Hier passt einfach alles wunderbar zusammen!

Im „Hause Davids" also hat man am 15. Dezember 1950 das erste Christkindl-Postamt eingerichtet – da steckt keine biblische Assoziation dahinter, sondern der Wirt neben der Wallfahrtskirche

hieß eben Georg David. In seiner Wirtsstube fand das Sonderpostamt Platz. Die Idee zu einem Weihnachtspostamt in Christkindl hatte ein amerikanischer Besatzungsoffizier nach dem Zweiten Weltkrieg. Der Briefmarkensammler Otto Trauner aus Steyr hat schließlich Lobbying betrieben und der Generalpostverwaltung in Wien ein Sonderpostamt schmackhaft gemacht. Im ersten Jahr stempelte man schon 42.000 Briefe und Grußkarten ab. Fünf Jahre später war es eine halbe Million. Das Postamt ist bald aus dem Pfarrhof in einen nahe der Kirche gelegenen Gasthof übersiedelt. 1965 wurde die Millionengrenze erreicht. Derzeit gehen über zwei Millionen Weihnachtssendungen via Christkindl in alle Welt. Über 80 Millionen Mal wurde der Stempel bisher auf Weihnachtsgrüße aufgedrückt. Vom Eröffnungstag bis zum 26. Dezember wird ein Stempel mit einem Weihnachtsmotiv eingesetzt, bis zum 6. Jänner gibt es ein Motiv mit den Heiligen Drei Königen.

Seit 1967 legt die Österreichische Post jedes Jahr eine Weihnachtsmarke auf – ihr Erscheinen fällt immer mit der Eröffnung des Sonderpostamts in der letzten Novemberwoche zusammen.

Advent

Niglo & Midlao

Nikolaus kommt per Schiff

Für die Kinder des Ortes St. Nikola an der Donau ist es die Attraktion schlechthin, wenn der heilige Nikolaus kommt: Er steht am Bug eines kleinen Ausflugsbootes. Nachdem es angelegt hat, gibt es Geschenke. Die für die Erwachsenen bedeutsamere

Handlung bei diesem 1974 eingeführten Fest in der Donaugemeinde im Strudengau ist freilich, dass ein gesegneter Kranz dem Fluss übergeben wird – im Gedenken an jene, die beruflich mit der Donau zu tun gehabt und dabei ihr Leben verloren haben.

Nikolaus ist ja nicht nur der Patron der Kinder, sondern auch der Schiffsleute. Dass er gerade hier, in St. Nikola, zum Ortsheiligen wurde, ist kein Zufall – auch wenn man sich die Schutzbedürftigkeit der Donau-Lotsen nicht mehr so recht vorstellen kann, wenn man heute die Strecke beispielsweise entlang des Donauradwegs abfährt. Bevor eine Vielzahl von Kraftwerken gebaut und damit der Fluss gebändigt wurde, ging es turbulent zu im Strudengau (von „Strudel" kommt der Name her). Kundige Lotsen, die sich mit den tückischen Strömungen und Strudeln auskannten, wurden in diesem Flussabschnitt an Bord genommen. Von „greinen", weinen, leitet sich der Name des nicht fernen Ortes Grein ab – der auf jene Schreckensschreie anspielt, die ans Ufer tönten.

Kein Zufall, dass man die malerisch am Uferabhang platzierte Kirche Nikolaus geweiht und den Ort nach ihm benannt hat. „Sanndt Nicla" ist schon

1511 urkundlich greifbar. Eine der ältesten Nikolaus-Legenden, die zum Patronat des Heiligen für die Schiffsleute führten: Als eines Tages Schiffer, die in Seenot geraten waren und vom Ruhm des Nikolaus gehört hatten, riefen sie den Bischof an. Der erschien, sprach ihnen Mut zu, beschwichtigte den Sturm und verschwand. Nach glücklicher Landung erkannten die Matrosen in der Kirche von Myra den ihnen bisher unbekannten Retter wieder.

Das alljährliche Fest am 6. Dezember beginnt frühmorgens mit einem Gottesdienst, danach begibt sich ein langer Festzug zur Donau. Diesem schließen sich auch alle Pflichtschulkinder der Gemeinde an. Eine Zille fährt weit hinaus, ungefähr in Flussmitte wird der Kranz den Fluten übergeben. Sirenentöne der Donauschiffe untermalen die Zeremonie.

Die Schiffsleute tragen, wie einer der Organisatoren erklärt, braun-weiß karierte Kalmuck-Janker. Die waren einst ihre Arbeitskleidung. Kalmuck (auch Kalmuk) ist ein strapazfähiges Baumwoll-Doppelgewebe mit einem fülligen Untergarn. Die Winzer in der Wachau haben einst den strapazfähigen Kalmuck von den Donauschiffern

übernommen. Und noch eine typische Kleidung sieht man beim Nikolausfest: Die Strommeister kommen in ihrer blau-goldenen Uniform.

In Obernberg am Inn erscheint an jedem 6. Dezember der „Nikolaus auf der Zille": Das Schifferkirchlein am Innufer, seit dem 12. Jahrhundert urkundlich erwähnt, ist natürlich auch nicht ohne Grund dem heiligen Nikolaus dediziert – die Flussstrecke war ja der Transportweg vor allem auch für das Salz aus Hallein, Berchtesgaden und Bad Reichenhall. Als durch den Bau der Eisenbahn um 1850 die Zeit der Flößerei und Schifffahrt auf dem Inn vorbei war, verarmten die „Nauflezer" und die Kirche verfiel. In den fünfziger Jahren konnte sie gerade noch vor dem endgültigen Verfall gerettet werden. Seit sie restauriert wurde – das war Anfang der siebziger Jahre –, gibt es dort natürlich an jedem 6. Dezember eine Nikolausmesse. Vor ungefähr zehn Jahren kam man auf die Idee, einen Standlmarkt zu veranstalten und den Nikolaus übers Wasser kommen zu lassen. Feuerwehr, Mütterrunde und Pfarre richten das Fest organisatorisch aus. Nach der Messe gehen alle hinunter zum Innufer, und dann kommt, auf einer erleuchteten Zille der Nikolaus aus dem Dunkel. Bläser sorgen für eine festliche Klangkulisse. „Von der Innbrücke sieht man das auch besonders gut", weiß August Vorauer von der Gemeinde Obernberg. Natürlich hat der Nikolaus Säckchen dabei für die Kinder. „50 und mehr sind es jedes Jahr", sagt Helga Schmidbauer von der Mütterrunde. Die

Freudig erwartet von Jung und Alt: Die Zille mit dem Gabenbringer am Inn vor Obernberg

Äpfel und Süßigkeiten sind Spenden von Geschäftsleuten, „wir machen lauter gleiche Sackerln". Die Einnahmen vom Standlmarkt kommen der Feuerwehr und karitativen Zwecken zugute.

Mit der „Fuhr", wie man dort die traditionellen, zillenartigen Holzboote nennt, kommt der Nikolaus auch in Obertraun am Ufer des Hallstätter Sees gefahren. Die Ortsgruppe der Kinderfreunde richtet diese stimmungsvolle Feier im Strandbad Obertraun aus. Der Nikolaus in der „Fuhr" wird von Knecht Ruprecht begleitet, der in einem großen Sack Äpfel, Nüsse und Schokolade verwahrt hat. Mit Fackeln in den Händen tragen Kinder dem Nikolaus ein Gedicht vor. Sie werden dafür vom Heiligen beschenkt, danach entschwindet er mit seiner Fuhr wieder über den See. Das ist jedenfalls ein ruhig-besinnliches Kontrastprogramm zu jenem Spektakel, das am Abend des 5. Dezember die drei Obertrauner Krampuspassen auf dem Gemeindeplatz abziehen. Dort wird aber für empfindlichere „Kramperlschauer" auch eine „schlagfreie Zone" eingerichtet, und vor dem höllischen Treiben kommt auch dort der Nikolaus, diesmal zu Fuß, und verteilt Süßigkeiten.　❉ KRIE-

ELISABETH REICHART

Ein weiser Mann aus Myra

Der Nikolaus war ein wunderbarer, weiser Mann, wie das Kind aus den Erzählungen ihrer Großmutter wusste. Jetzt wollte sie alle Geschichten über den Nikolaus, den sie endlich kennenlernen durfte, wieder und wieder hören. Sie staunte mit immer größeren Augen über all die Wunder, die der Heilige vollbracht hatte. Am meisten staunte sie, dass er an einem einzigen Tag zu allen Kindern auf der Welt kam. Wie er das anstellte, wusste die Großmutter nicht, meinte nur, wenn er von Myra bis hierher kommen kann, kann er überall zugleich sein, genau wie das Christkind zu Weihnachten alle Kinder auf der Erde besucht. Myra, Myra, Myra, sang die Kleine, verliebt in den Klang des fremden Wortes. Myra liegt am Mittelmeer, erzählte die Großmutter, und dass der heilige Nikolaus den Seeleuten hilft, die sonst vom hungrigen Meer verschlungen würden. Er kümmerte

sich nicht darum, woher die Schiffe kamen und wer auf ihnen fuhr, er half allen, die in Seenot gerieten. Das Kind bewegte sich an der Hand des Nikolaus durch eine weiße Stadt, roch das Meer, bevor sie es sehen konnte. Endlich dehnte es sich vor ihr aus, tiefblau an diesem Tag, der warm genug war, um schwimmen zu gehen. Die Wellen trugen sie hoch hinauf und wieder hinunter, sie spuckte Salzwasser und ließ sich tief ins Meer sinken, wo bunte Fische sie umkreisten, Schildkröten sie grüßten. Aber der heilige Nikolaus half nicht nur den Seeleuten, er half, wann immer es nötig war, hörte sie die Großmutter, die auch unter Wasser reden konnte. Aus ihrem Mund kamen die Worte von Luftblasen begleitet, die an die Oberfläche tanzten. Die Krebse, Fische und Schildkröten lauschten ebenfalls den Worten der Großmutter, und die weiße Stadt beugte sich tief zum Meer hinunter, um kein Wort

über ihren heiligen Nikolaus zu versäumen. Auch in Myra gab es arme Menschen, sagte die Großmutter eben, und die Stadt zog sich rasch zurück, während die Schildkröten eifrig nickten. Diesen Armen steckte der heilige Nikolaus heimlich Geld zu, und einmal in der Woche lud er alle zum Essen ein. Es gab so reichlich zu essen, dass sich jeder genug mitnehmen konnte, um sich tagelang satt zu essen. Da jauchzten die großen Fische vor Freude, denn sie hatten sich lange Zeit nicht mehr satt essen können. Dann kam die große Hungersnot über Myra. Jetzt hörte die Stadt wieder genau zu, ihre Häuser standen fast waagrecht, um nur ja jedes Wort der Großmutter zu hören. Die Fische hingegen fröstelten, ihre Schuppen erinnerten sich an jeden Augenblick, den sie im Trockenen verbrachten. Das Land verdorrte, alle Vorräte wurden aufgebraucht, und im darauffolgenden Jahr gab es kein Saatgut. Es hätte ohnedies nichts genützt, der Himmel blieb blau, keine einzige Wolke zog seit zwei Jahren über

Myra, um den Regen zu bringen. Auch die Brunnen waren ausgetrocknet und der Meeresspiegel so weit zurückgegangen, dass die Fische die Küste von Myra mieden. Sie sanken zum Grund und wirbelten mit ihren Schwanzflossen den Sand auf, um nicht mehr gesehen zu werden. Die Menschen verzweifelten. Da rief der heilige Nikolaus in Gedanken nach all den Seeleuten, denen er geholfen hatte, und bat sie, nun den Menschen von Myra Wasser und Getreide zu bringen. Und siehe da, am nächsten Morgen kam das erste Schiff, beladen mit gefüllten Wasserfässern, am Nachmittag kamen drei weitere, mit Getreide und Wasser beladen, und so ging es, bis die Speicher voll und alle Fässer in Myra mit Wasser gefüllt waren. Im folgenden Frühjahr zogen endlich wieder Wolken auf. Die Menschen säten Getreide aus, das so schnell wuchs, als hätte es etwas nachzuholen. Die Brunnen füllten sich wieder mit Wasser, und die Fische kehrten an die Küste von Myra zurück. Der heilige Nikolaus war genauso glücklich wie alle anderen. Auch die Schiffsleute waren glücklich, immer wieder liefen sie Myra an, und so wurde die Stadt zu einem bedeutenden Handelszentrum.

„Und die Mädchen, was ist mit den Mädchen?", fragte die Kleine, und die Großmutter erzählte wieder von den drei Mädchen, die nicht heiraten konnten, weil ihr Vater so arm war, dass er nicht für drei Töchter eine Aussteuer aufbringen konnte. Um nicht ungerecht zu sein, entschied der Vater, dass keine von ihnen heiraten sollte. Darüber weinte die Älteste bitterlich, denn sie hatte bereits einen heimlichen Bräutigam, der sie jeden Tag drängte, seine Frau zu werden. Als der heilige Nikolaus von dem Schicksal der armen Schwestern hörte, legte er eines Nachts drei Klumpen Gold in ihre Hütte. Am nächsten Tag war die Freude übergroß, und bald heiratete eine nach der anderen. Der alte Vater aber lebte zufrieden in seiner Hütte, obwohl ihn jede Tochter bat, bei ihr zu wohnen. „Ein Wunder im Leben ist genug", meinte er nur, und sah hinauf in den Himmel. Immer noch hoffte er, von dort eine Antwort zu bekommen, wie das Gold in seine Hütte gelangt war, aber der Himmel schwieg.

Ehrfurchtsvoll wartete das Kind am Nikolaustag auf den Heiligen. Sie hatte über dem dunkelblauen Winterkleid ihr schönstes Sommerkleid angezogen, das ihr die Mutter für die Hochzeit einer ihrer Brüder genäht hatte: Es war weiß und mit Rüschen um den Hals. Sie liebte dieses Kleid und hoffte, dass sie nie aus ihm hinauswachsen würde. Als es klopfte, hielt sie den Atem an. Kaum betrat der Heilige die Küche, fiel sie ihm zu Füßen und weinte. Danke, flüsterte sie, danke, dass du allen Menschen von Myra geholfen hast und all den Seeleuten, die sonst ertrunken wären, und allen Kindern auf der ganzen Welt. Da kam ihr etwas merkwürdig vor, und es half nichts, dass sie sich sagte, Mami hat recht, ich bin verrückt, sie musste trotzdem immer wieder hinsehen: Der Nikolaus trug die gleichen gelben Socken, die ihre Wiener Tante ihrem Cousin gestrickt hatte, der unglücklich war, wenn er sie anziehen musste, und die gleichen Schuhe mit den gleichen zerrissenen Schuhbändern. Sogar die Hosen unter dem roten Überrock kannte sie, ihre ausgefransten Ränder. Ganz langsam stand sie auf, wischte sich die Augen trocken und wollte, dass der Nikolaus, der vor ihr stand, der Heilige aus Myra war, wollte es unbedingt, doch als sich der Nikolaus zu ihr hinunterbeugte, zupfte sie an seinem Bart – darunter kam wirklich das Gesicht ihres Cousins hervor …

Der Heilige kann auch reiten und sogar Ballon fahren

In Oberneukirchen im Mühlviertel kommt der Nikolaus hoch zu Ross – jedenfalls reitet er, selbst wenn Wetter und Wegverhältnisse nicht geeignet sind für eine kommode Fahrt mit der Kutsche. „Der Reitverein und der Elternverein der Volksschule organisieren den Nikolausritt", erzählt die Reiterin Martina Eder. Er wird von weiteren Reitern begleitet – aber den Anblick von Krampussen möchte man in Oberneukirchen den Kindern ersparen. „Also tragen sie etwas Rotes, aber keine furchterregenden Masken", so Martina Eder. Und diese ro-

ten Mäntel mit Kapuzen mit Pelzbesatz stellen sich als Weihnachtsmanngewänder heraus! Nichts für Brauch-Puristen also, umso mehr für die 20 bis 40 Kinder, die am Sonntag vor dem 6. Dezember schon sehnsüchtig dem Auftritt des berittenen Nikolaus entgegenfiebern. Der Nikolaus verteilt nämlich Namenspäckchen, die die Eltern vorab – mitsamt einer Spende für die Nikolausfeier – im Gasthof Obernberger für diesen Anlass abgegeben haben.

Auch in Hellmonsödt, ebenfalls im Mühlviertel, an der Straße nach Bad Leonfelden, gibt es einen Nikolausritt: 2013 wird er zum 38. Mal stattfinden. Er dürfte damit der älteste im Bundesland sein. Ein Kinderprogramm, Turmbläser – es fehlt nicht an gediegener Stimmung, wenn am Sonntagnachmittag vor dem 6. Dezember gleich drei Nikolos von einer Reitergruppe vom Reithof Schwarz in Pelmberg in einer Kutsche zum Kirchenplatz eskortiert werden. Ja, richtig gelesen: drei Heilige! Warum so viele? Diese Frage tauche immer wieder auf, räumt Johann Mülleder in einem Beitrag in der Gemeindezeitung des Ortes nördlich von Linz ein: „Wir sind der Meinung, dass jedes Kind das Geschenksackerl vom Nikolaus erhalten soll. Bei rund 150 Sackerln

Gruß aus luftigen Höhen:
Der Ballon fahrende Nikolaus aus Christkindl

würde die Verteilung durch einen einzigen Nikolaus über Gebühr lang dauern und die Kinder auf die Folter spannen." Die Nikolaussackerln stellen die Eltern für ihre Kinder bei, sie können (ordentlich beschriftet, versteht sich) in Hellmonsödter Gaststätten abgegeben werden.

Ein Nikolaus, der mit der Kutsche beim Adventmarkt des Ortes vorfährt – das hat Stil und ist landauf, landab keineswegs mehr außergewöhnlich. In Nebelberg organisiert das die junge ÖVP, in Vöcklabruck das Stadtmarketing – die Bandbreite an Veranstaltern spiegelt das öffentliche und das Vereinsleben im Bundesland wider.

Ein Nikolaus, der mit dem Gasballon abhebt, wie er es immer am ersten Adventsonntag auf einer Wiese in Christkindl bei Steyr macht: Das ist freilich eine mehr als außergewöhnliche Fortbewegungsart für einen würdigen Bischof.

Die Sache mit dem Ballon fahrenden Nikolaus in Steyr hat eine längere Geschichte, die 1961 (also vor über einem halben Jahrhundert) begonnen hat. Da wollten deutsche Ballonfahrer karitativ werden

und sind über den Ortsnamen Christkindl gestolpert. Im Schulterschluss mit SOS-Kinderdörfern haben die fliegenden, pardon: Ballon fahrenden Herren aus Deutschland fortan die Sache betrieben. Seit 2004 organisiere aber der Club der Briefmarkensammler in Steyr dieses Ereignis, das jedes Jahr bis zu viertausend Schaulustige anziehe, erzählt Bernd Prokop.

Was die Briefmarkensammler mit den Ballonfahrern zu tun haben? Auf den ersten Blick gar nichts. Aber sehr wohl hat die Ballonfahrt des heiligen Nikolaus (derzeit ein verkleideter Luftschiffer aus Augsburg) mit der Beförderung von Briefen zu tun: Rund 8.000 „Ballonbriefe" werden nämlich jedes Jahr verkauft. Diese bekommen den Sonderstempel vom Postamt Christkindl und dann nimmt sie der Nikolaus sackweise mit in seinen Ballonkorb. Nun ist es Sache des Windes, wohin die Reise geht – nach Westen

oder Osten, das hängt von der Großwetterlage ab. Nach Norden und Süden kaum einmal, lehrt die luftige Erfahrung. „Nach der Landung des Ballons werden die Briefe in das dem Landeort nächste Postamt gebracht und erhalten dort den Orts-Tages-stempel", berichtet Bernd Prokop.

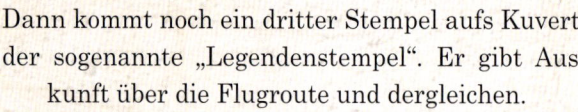

Dann kommt noch ein dritter Stempel aufs Kuvert, der sogenannte „Legendenstempel". Er gibt Auskunft über die Flugroute und dergleichen.

Das Fest vor dem Ballonstart beginnt um 11 Uhr auf der Wiese vor dem Pfarrhof. Der Nikolaus kommt mit seinem prall gefüllten Gabensack und verteilt Süßigkeiten an die Kinder. „Firmen sponsern, aber das wird immer weniger", klagt der Philatelist Bernd Prokop. Er hofft, dass man die Tradition auch heuer und in Zukunft wird fortsetzen können. Die Wartezeit bis zum Ballonstart (viertel nach zwölf) vertreibt die Musikkapelle Christkindl. Die Freiwillige Feuerwehr des Ortes versorgt die Besucher am traditionellen Bratwürstel-Sonntag natürlich mit Bratwürsteln.

Übrigens gibt es noch eine adventliche Briefpost-Aktion in Oberösterreich: Am Samstag vor dem ersten Advent fährt – seit 24 Jahren schon – eine Kutsche von Garsten nach Christkindl. „Das Kutschenmuseum Großraming stellt dafür eine eigene Christkindlkutsche zur Verfügung", erzählt Bernd Prokop. Der Kutscher findet auf ihr Platz, zwei Posthornbläser und ein Ehrengast. Auch dafür wurden eigene Briefe kreiert, nach dem Muster von Faltbriefen, wie sie um 1800 üblich waren. Am Zielort bekommt natürlich auch diese Weihnachtspost den beliebten Stempel vom Postamt Christkindl.

✳ KRIE-

Der Niglo-Umzug von Windischgarsten

D a sich diverse Krampusveranstaltungen auch bei der Windischgarstner Jugend zunehmender Beliebtheit erfreuen, wird befürchtet, dass der Brauch des Niglo-Umzugs durch diese wilden, Furcht erregenden Umzüge mit Eventcharakter verdrängt werden könnte", heißt es mahnend auf der österreichischen Website der UNESCO, die das „immaterielle Kulturgut" des Landes auflistet.

Wirklich bangen braucht man um den Windischgarstner Niglo-Umzug freilich nicht. Wurde er früher im Zwei-Jahres-Rhythmus abgehalten, so ist er seit dem Jahr 2000 ein jährlich stattfindender Brauch. Die Glöckler von Ebensee und der Windischgarstner Niglo-Umzug sind die einzigen oberösterreichischen Weihnachtsbräuche auf der UNESCO-Liste des immateriellen Weltkulturerbes (sieht man einmal vom Lied „Stille Nacht" ab, dessen Entstehungsgeschichte ja auch ins Oberösterreichische spielt – der Komponist Franz Xaver Gruber wurde 1787 in der Innviertler Gemeinde Hochburg Ach am Inn geboren).

Der Trachtenverein „d'Garstnertaler" ist seit 1958 Träger dieses figurenreichen Umzugs. Der Kremsmünster Pater Amand Baumgarten war ein verlässlicher Zeitzeuge bezüglich der Traditionspflege. Er hat die örtlichen Gepflogenheiten im „Programm des k.k. Gymnasiums zu Kremsmünster für das Schuljahr 1860" erstmals beschrieben. Diese Hinweise, Erinnerungen der Bäuerin Theresia Retschitzegger vom Bischofsberg und ein kolorierter Stich eines Nikolaus-Stubenspiels aus dem 19. Jahrhundert im Heimatmuseum von Windischgarsten haben Schulrat Rudolf Kusché (gestorben 1986) in den fünfziger Jahren beflügelt, den Brauch wieder aufzunehmen. Die „Garstnertaler" waren schon damals begeistert mit von der Partie. Früher sind die jetzt im Niglo-Umzug zusammengebundenen Figuren einzeln in Passen (Gruppen) durch den Ort gezogen.

Am Vorabend des 6. Dezember ist es also so weit. Da versammeln sich ungefähr 30 Personen vor dem Heimathaus und ziehen durch die Marktgemeinde Richtung Rathaus: Der heilige Nikolaus ist zwar theoretisch die Hauptperson, in dem bunten Völkchen spiegelt sich aber, wie Vorstellungen aus dem bäuerlichen Brauchtum mit städtischer Kultur, wie geistliches Kulturgut und Spaß an der Maskerade ineinandergeflossen sind.

Ein Schauspiel der besonderen Art: Der figurenreiche Nigloumzug von Windischgarsten

Da sind also der Nachtwächter, der Nigloherr (ein Herr in städtischer Bekleidung) und die Niglofrau (eine jüngere Dame mit weißem Kleid und Krone). „Nigeln" heißen die in Pelz gehüllten Krampusse mit Larven, sie tragen um den Körper Schellen und haben Birkenruten. Der Klaubauf ist ein pelziges Geschöpf, das schlimme Kinder in seinen Korb einsammelt. Mit dem Leutz'ammfresser, der einen Wildschweinkopf trägt, ist wohl auch nicht gut Kirschen essen und es gibt auch einen „Riesen". „Grassertmandl" heißt eine dicht in Reisig gepackte Figur und die Schabernack treibende Habergoaß darf auch nicht fehlen.

Mehrere Engel und ein Teufel begleiten den heiligen Nikolaus. Im Rathaushof präsentieren sich die einzelnen Figuren auf einer Bühne. Die Nigln wollen vom Nikolaus erst zur Ordnung gerufen

werden. Nigloherr, Niglofrau und Nikolaus werden mit Reimen vorgestellt. Zum Abschluss erhalten die anwesenden Kinder ein kleines Geschenk, wobei die Engel dem Nikolaus beim Verteilen behilflich sind. Dann macht sich die Gesellschaft wieder auf den Rückweg zum Heimathaus.

„Im Gegensatz zu verschiedenen Krampus- und Perchtenläufen wird beim Niglo-Umzug das Gute in der Person des heiligen Nikolaus und nicht das Teuflische in den Vordergrund gestellt", betont man beim Trachtenverein.

In der Gegend um Windischgarsten ist der Niglo-Umzug in dieser Art einzigartig. Ähnliche Figuren tauchen in der Obersteiermark auf, etwa beim Mitterndorfer Nikolospiel oder beim Öblarner Krampusspiel im Ennstal.

❋ KRIE-

56

Niglo

CARL HANS WATZINGER

Das Nikolospiel

Es war kein Bleiben in dem warmen Dichterstüb-chen und auch nicht auf seinem Zimmer, über-all war Wasti um den Gast, und wenn schon das aufgeweckte Kind ihn nicht mit Worten bedrängte, so sprachen seine Blicke umso mehr und eindring-licher den Wunsch seines Herzens aus, nämlich an der Hand des Fremden, mit dem er, selbst für seine Angehörigen verwunderlich, so rasch Freundschaft geschlossen hatte, auf die Straße zu gehen und den Zug der Nikolospieler aufmerksam zu verfolgen. Schließlich gab Veit Sonnsteiner dieser fortwähren-den stummen Bitte nach und trat mit dem Knaben aus dem Haus, obgleich es noch nicht an der Zeit war, nach dem Aufzug zu sehen.

Allein, die Dorfstraße hatte sich bereits mit Leuten gefüllt. Die, sooft sie den Brauch auch miterlebt haben mochten, ihm immer wieder verfielen. Veit Sonnsteiner bedauerte im Stillen, dass der Schnee sich ganz verflüchtigt hatte. Er konnte sich den Abend noch geheimnisvoller vorstellen in dem Ge-danken, dass die Gestalten des Nikolospieles auf einem Schneeteppich ausschritten und Schnee-polster auf den Gesimsen und Dächern der Häu-ser hingen, jeden Augenblick bereit, abzurutschen und in die wartende Menge hineinzustäuben. Ein Dämonisches schien aber trotz alledem das Dorf erfasst zu haben. Die Raunächte sickerten schon durch die Straßen und Gassen, diese zwölf heiligen

57

Nächte, in denen vieles geschieht, das der Mensch im Jahreslauf nur träumt. Noch aber waren Wochen bis dahin.

Wasti drückte immer wieder die Hand des Erwachsenen, welche die seine leicht umschloss. Veit Sonnsteiner sah dann auf den Buben, der in einer Spannung des Aufzugs der Spieler harrte, die alsbald sich lösen musste, wollte sein Herz nicht in ihr verbrennen. Das Gesicht des Knaben war blasser als gewöhnlich und den Fremden dünkte es auch schmäler. Oder täuschte das Licht der Bogenlampen an den Masten und auf den Drähten zwischen den Häusern Erregungen auf den Gesichtern der Menschen vor, die im Inneren keinesfalls zutrafen? Veit Sonnsteiner beugte sich zu dem Kind herab und horchte auf den Schlag seines Herzens. Dieses Herz pochte ungestüm. Der Mann hegte nun keinen Zweifel mehr über den wahren Zustand des

Kleinen. Oder war's etwa Angst? Nein; denn Wastis Augen blitzten ihm lustig und ungetrübt entgegen.

In die Gasse traten auch schon peitschenknallend die vier Strohschaub, Burschen, die ganz in Stroh gehüllt waren und auf dem Kopf noch zwei Meter lange Ruten, die Hörner, aufgesteckt hatten.

Würdig schritten sie einher, niemals den Rhythmus in ihrem Peitschenknallen ändernd, wie Gestalten aus der grauen Vorzeit dünkten sie Veit Sonnsteiner, sagenhafte Wächter an der Schwelle des Lebens. Sie wendeten den Kopf weder nach rechts noch nach links, die Umwelt hatte ihnen, so schien's, nichts zu bedeuten. Stumm blickten ihnen die Dörfler entgegen und lautlos starrten sie ihnen nach.

Schon aber drang Gekreisch und Gelächter auf, auch ein Stoßen und Laufen begann da und dort. Noch war die Ursache dieses Rumors nicht zu erspähen. Vorerst folgte der Nachtwächter mit Laterne und Spieß den Schaubmännern, dann der Engel mit dem Nikolaus in prächtigem Gewand, dem Pfarrer und dem Mesner. Wastis große Augen glänzten wie von einem Feuer des Innern genährt in seltsamer Helle und erst als nach dieser Gruppe

der Schönen der Bartl mit einem großen Korb am Rücken daherging, befreite er sich von dem soeben stattgehabten Erlebnis und flüsterte: „Der Bartl!" Er nahm schließlich die Hand aus der seines Begleiters, trat einen Schritt vor und sah auf den Gabenträger und gewiss dachte er jetzt an keinen anderen als seinen Vater, der schon, ihm unbekannt, in seinem Grab moderte.

Unwillkürlich legte Veit Sonnsteiner, wie um den Knaben einer unbilligen Härte des Lebens, die ihn zu früh anfallen wollte, zu schützen, die Hand auf seinen Kopf. Wasti aber spürte es nicht.

Nun reihten sich der Tod mit dem Bettelmann an und ihr Anblick brachte es zustande, dass der Knabe wieder eng an den Fremden herantrat. Der Tod zeigte sich als Gerippe mit einem hohen Zylinderhut auf dem Schädel und einer kurzen Sense über der Schulter. Das Gebein leuchtete im Schein der Bogenlampen sonderbar grell, es ging von ihm, so fühlte mans doch, eine ungeheure Kälte aus, die sich wie eine große Furcht auf das Herz legte. Der Bettelmann in seinem Gefolge, sein Opfer im Spiel,

machte die Erscheinung nicht freundlicher.

War indes aber das Kreischen und Lärmen nicht näher gekommen? Ja, und da sah Veit Sonnsteiner und mit ihm der Knabe den rußgeschwärzten Schmied sein Handwerk üben, einigen Weibern die Mäntel – wie früher die Röcke – an die Erde zu nageln und diesem oder jenem Mädchen mit der schwarzen Hand übers Gesicht zu wischen. Lang gerockte Weiber wie früher gab es kaum noch, nur einige Bauersfrauen trugen noch solche Kleidung. Dafür gab es genügend Mädchen, an denen er Schabernack treiben konnte, soviel er wollte.

Midlao, die Weißen und die Schwarzen

So wie in St. Roman in der Nähe von Schärding schaut das Gefolge des Nikolaus – der hier „Midlao" heißt – nirgendwo aus: Die „Weißen" tragen eben weiße Hosenanzüge, weiße Handschuhe gar und hohe weiße Spitzmützen mit bunten Bändern. Ihre zarten Holzmasken zeigen ein schönes Gesicht. Irgendwie wirken sie, als ob sie bei einer Tiroler Fasnacht entkommen wären. Vielleicht ist ja tatsächlich der Brauch den Inn aufwärts gewandert – es wäre nicht der einzige Jahreszeiten- und Figurentransfer in den alpenländischen Traditionen.

Die Brauch-Kennerin Helga Maria Wolf hat festgestellt, dass der Midlao, also der Nikolaus, überhaupt erst 1942 hinzugekommen ist. Vielleicht haben die Kinder deshalb gar nicht so furchtbar viel Respekt vor dem Heiligen und empfangen ihn gelegentlich mit einem Spottvers, den der Midlao gar nicht so gern hört. Ein „Vater unser" bringt die Sache aber wieder ins Lot. Bevor der Midlao, ein ihn begleitendes Buttenweiblein und die „Weißen" abziehen, wird es aber noch recht turbulent, denn da hat sich die Habergoaß eingeschlichen. Unauffällig, weil auch unter einer weißen Decke, hockte sie bis dahin unter dem Tisch, aber jetzt macht sie sich bemerkbar und will alle Leute in die Beine zwicken. Einer von den „Weißen" hält die Habergoaß an der Leine, aber er richtet wenig aus gegen das Temperamentsbündel.

Das Besondere am Midlao-Umzug in den Ortsteilen von St. Roman ist, dass die „Weißen" und die „Schwarzen" am späten Nachmittag und Abend getrennt voneinander die Häuser besuchen. Erst ab ca. 21 Uhr ziehen am 5. Dezember die rund 50 Maskierten gemeinsam durch den Ort. Am 6. Dezember gehen die Weißen und Schwarzen in den nördlichen Ortsteilen um.

Die „Schwarzen" oder „Wilden": Ihr Erscheinen wird vom Schnitter Tod schweigend angekündigt: Urplötzlich steht er da, der Knochenmann mit der Sense in der Hand! In wüstem Handgemenge stürzen dann die Teufel herein. Die Zuschauer bleiben nicht ungeschoren, denn die Teufel beschmieren deren Gesichter mit Russ.

✳ KRIE-

Eine Percht ist kein Krampus!

Es gibt im Brauchtum auch so etwas wie ansteckende Krankheiten. Die Krampus- und (vermeintlichen) Perchtenläufe haben sich in den letzten zehn, 15 Jahren beinahe epidemisch verbreitet, unabhängig von Region oder Landesteil. Der Tourismus tat das Seine dazu. So manche lieb gewordene Tradition wurde zum lautstark kommerziell vermarkteten „Event". Vor allem aber auch verwässert, was die Figuren betrifft. Zombiemasken sind landauf, landab üblich. Bengalische Feuer stillen das Showbedürfnis der Zuschauer. Wer macht noch einen Unterschied zwischen Krampusmasken, Perchtenlarven oder dem Outfit der Halloween-Gespenster?

Wer sich ein lebhaftes Bild machen will: Der 2012 erstmals abgehaltene „Città-Slow-Lauf der Ennser Perchten" – der zweite ist für den (volkskundlich gesehen) absolut Krampus- und Perchten-freien 14. Dezember 2013 angesagt – ist ein Beispiel für das landläufige Tohuwabohu von Schreckfiguren, die ein publikumswirksames Remmidemmi abziehen. 16 Perchtengruppen sind angesagt, vor Geschäftsschluss besuchen sie die Ennser Altstadtgeschäfte („In der Zeit können Kinder auch hinter die

Masken schauen"). Ab 18 Uhr ist auf dem Marktplatz eine „Show der einzelnen Gruppen" angesagt und „bis 21 Uhr bleiben die Perchten noch in der Altstadt, um die bösen Geister zu vertreiben".

Enns dürfte danach tatsächlich von allen Geistern, guten wie bösen, verlassen sein. Sie werden ausgetrieben von Gruppen, die sich beispielsweise

„Shadow Devils", „Gmundner Höllenbrut", „Höllenfürsten Sierning", „Rosenauer Galgenteufel" oder „Rechberger Seeteufel" nennen. Und das ist nur eine kleine Auswahl. Gruppen wie die „Laungastorna Schiachperchten", die „Ampfelwanger Gruamteufel" oder die „Mühlviertler Rau-Teufel" wirken dagegen von der Namensgebung her beinahe hausbacken. Die organisierende Höllenbrut in Enns sind die dort beheimateten „Traunviertler Bergteufel".

Ein rechtes Kuddelmuddel, was da alles im Verlauf einiger Jahrhunderte im inneralpinen Raum zusammengekommen ist und jetzt unter dem Begriff „Percht" herumläuft. Krampus-Schreckfiguren sind darunter und auch solche Masken, die eine Kulturwanderung unternommen haben. Manche Perchtenlarve ist aus dem venezianischen Karneval über die Alpen gewandert, andere sind im Zuge von Volksschauspielen der Gegenreformation eingeführt worden.

Percht ist also nicht gleich Percht. Und eine Percht ist schon gar kein Krampus. „Krampuslauf" oder „Perchtenlauf"? Die Bezeichnungen werden gleichbedeutend verwendet. Damit rückt allmählich aus dem Bewusstsein, dass es sich hier um unterschiedliche Bräuche handelt.

Beginnen wir mit dem Krampus. Er ist der Begleiter des heiligen Nikolaus, die diabolische Alternative zum Gutmenschen. Wir haben es mit „Schwarzer Religionspädagogik" zu tun. Die Bibel findet zwar den einen oder anderen personifizierten Vergleich fürs personifizierte Böse – Schlange, Drache, beutegieriger Löwe –, aber sie enthält uns konkrete Beschreibungen des Teufels vor.

Vor allem in Deutschland und England erfolgte im 12. Jahrhundert eine markante Ausrichtung der Teufels-Vorstellung nach Götterbildern aus der römischen Antike. Insbesondere die Satyrgestalt hatte es den mittelalterlichen Menschen angetan: eine Verbindung von menschlichem Oberkörper und Bocksbeinen, mit Schwanz, Hörnern, langen Tierohren, gesträubtem Haar oder zottigem Fell.

Der Buckelkorb, in dem die armen Seelen stecken, ist in einer englischen Bilderbibel bereits um 1300 zu finden.

Das also sind die zotteligen, gehörnten, Angst und Schrecken verbreitenden Begleiter des heiligen Nikolaus, das augenscheinliche Kontrastprogramm zum Guten. Artige Kinder werden vom Nikolaus belohnt, die unartigen vom Krampus gerügt. Solche pädagogischen Maßnahmen wurden vor allem in Klosterschulen des 17. Jahrhunderts propagiert.

Das Perchtenbrauchtum – in den Raunächten angesiedelt – ist hingegen etwas grundsätzlich anderes. Es hat mit Dunkelheit und Licht zu tun, mit einem „sauberen" Jahresabschluss und einem Aufbruch in eine neue Zeitspanne.

Seit dem frühen Mittelalter ist „Frau Perchta" bekannt, eine – wie Volkskundler derzeit annehmen – typisch christliche „Kontrollfigur": Sie kommt ins Haus, um das Wohlverhalten der hier Wohnenden, ihre Reinlichkeit und dergleichen zu überprüfen. „Frau Perchta mit der langen Nas", heißt eine Larve, die der Südtiroler Hans Kintler schon 1486 nebst anderen Teufels- und Schnabelperchten beschrieb. In diesem Sinn gilt die Percht als die älteste noch lebendige Brauchfigur in Mitteleuropa.

Nichts läge Perchten ferner, als Angst und Schrecken zu verbreiten. Im Gegenteil, sie sind wohl gelitten, weil sie Glück und Segen ins Haus bringen. Von der Pudlmuatta (Oststeiermark) über die Pehtra Baba der Kärntner Slowenen, die Berigl (Ausseerland) bis zur Pinggalpercht (Zillertal) – gemeint ist doch immer die gleiche Figur: jenes oft in Lumpen gehüllte, schweigsame Wesen, das kontrolliert, ob die Verrichtungen des alten Jahres zur Zufriedenheit abgeschlossen sind. Deshalb muss aufgeräumt und es darf keine Wäsche zum Trocknen aufgehängt sein. Ist wohl alles bereit, das Licht zu empfangen? Dreikönig war ja der ursprüngliche Weihnachtstag. „Erscheinung des Herrn" heißt das Fest bis heute im kirchlichen Kalender.

Es muss im Wortsinn alles „ins Reine" gebracht werden zu diesem Termin und darüber wacht die Percht. Ihr Besuch in den Nachbarhäusern hat eine soziale, kontrollierende Funktion. Besen und Mistschaufel gehören manchmal zu diesen Raunacht-Umzugsfiguren, die mit Vorliebe in der Nacht vor Dreikönig (5./6. Jänner) umgehen, seltener in der Thomasnacht (21. Dezember).

Im oberösterreichischen Brauchtum sind die Krampusse entschieden häufiger als Figuren des Perchtentypus – wobei die Bezeichnung Percht hier ursprünglich überhaupt nicht vorkommt. Eher haben wir es in diesem Bundesland mit Heischebräuchen zu tun, mit verkleideten Figuren, die von Haus zu Haus ziehen. Die heißen dann Rauschnidnbettler, Raunachtler, Raunler und Raunachtsinger (im Mühlviertel), Maschkerer (im Innviertel). Sogar die eleganten Glöckler im Salzkammergut gehören zu diesem Figurenkreis. Sie sangen Lieder, brachten Schwänke dar, führten Tänze auf oder bettelten um milde Gaben. Krapfen oder Rauschnidn wurden ihnen überreicht. Und wenn ihnen ein Schluck Hochprozentiges angeboten wurde, sagten sie natürlich nicht nein.

Die „Krampuspercht" ist eine Erfindung des 20. Jahrhunderts. „Schiachperchtenläufe" gibt es unterdessen vielerorts auch nach dem 5./6. Dezember und auch zwischen Neujahr und Dreikönig. Dass die zotteligen Schreckfiguren – eigentlich Krampuslarven – den sympathisch leisen Perchten heutzutage im Wortsinn die Show stehlen, das habe durchaus pragmatische Gründe, erklärt dazu die Volkskundlerin Ernestine Hutter: „Es ist ein willkommener Anlass, die aufwändige und mit beträchtlichem finanziellen Aufwand erstandene Maske – bestehend aus geschnitzter Holzmaske mit mächtigem Gehörn, langzottigem Fellmantel bzw. Felloverall, mit Rollern und Pferdeschweif – mehrmals und an verschiedenen Orten zu zeigen."

✳ KRIE-

Frautragen und Herbergssuche

In wenigen Innviertler Dörfern, zum Beispiel in Möschwang, ist das Frautragen noch üblich", schrieb Rudolf Fochler in seinem 1971 veröffentlichten Buch „Von Neujahr bis Silvester". Im benachbarten Salzburger Flachgau sei der Brauch noch häufiger anzutreffen. An solchen Berichten lässt sich unmittelbar ablesen, dass nach einer „Brauch-Flaute" in den sechziger und siebziger Jahren eine deutliche Umorientierung stattgefunden hat. Fochler (der freilich ein paar oberösterreichische Orte übersehen hat, wo das Frautragen damals sehr wohl noch gewärtig war) hätte vermutlich nicht auf das Fortdauern des Frautragen-Brauchs gewettet. Und auf eine Renaissance schon gar nicht.

Heutzutage gibt es das Frautragen – auch unter dem Namen Herbergssuche – landauf, landab. Freilich nur mehr selten in der Form, dass tatsächlich wertvolle Statuen oder Herbergssuche-Bilder von Haus zu Haus weitergereicht würden. Meist tut es ein Kunstdruck oder die Kopie einer Graphik. In den vergangenen Jahrzehnten haben die Pfarren das Potenzial dieses Brauchs für das Wohnviertelapostolat erkannt und genutzt. Angesichts deutlich sinkender Besucherzahlen in den Sonntagsgottesdiensten stellt sich ja die Frage, wie man an die Menschen herankommt. Für katechetische Zwecke kommt das „Frautragen" also gerade recht. So bringt sich die Pfarre wieder in Erinnerung …

Ab 17. Dezember ist, salopp gesagt, die „heiße" Phase des Advents. Da singen beispielsweise Mönche im Stundengebet zum Magnifikat die „O-Antiphonen" (jede beginnt mit dem Ruf „O").

Genau in dieser Zeit wird das Frautragen praktiziert. „Es war kein Platz in der Herberge", heißt es im Lukas-Evangelium. Nun soll es also Maria besser gehen: Ein Bild wird auf die Reise geschickt, meist die Kopie eines Stichs oder die Fotografie eines Gemäldes. Jeden Abend wird es an eine Familie in der Nachbarschaft weitergereicht. Die Frömmigkeit ist unterschiedlich, und so kann die Übergabe zu einer kleinen

privaten Adventfeier mit gemeinsamem Beten und Singen werden. Nicht selten bleibt es auch bei einer formlosen Übergabe an der Wohnungstür. Die Diözese Linz bietet online eine vielseitige Handreichung zur Gestaltung einer solchen Übergabe an.

Entstanden ist das Frautragen im bayerisch-süddeutschen Raum im 16. Jahrhundert. Man wird nicht fehlgehen, darin einen jener „volkstheatralischen" Impulse zu sehen, wie sie im Zuge der Gegenreformation vor allem vom Jesuitenorden gegeben worden sind. Man baute darauf, der aufs Wort bezogenen Verkündigung der Reformation anschauliche, greifbare Rituale entgegenzusetzen.

Seit über 60 Jahren wandern neun Nachbarsfamilien in Steinbach am Ziehberg neun Abende Rosenkranz betend mit einer Statue von Haus zu Haus. „Wir suchen eine warme Kammer für eine Mutter und ihr Kind, die ausgewiesen in den Jam-mer und überall vertrieben sind", sagen die Kinder. Darauf die Mutter des Hauses: „Komm, Herr Jesus, komm herein, wir wollen deine Herberge sein." Jede Nacht bleibt die Statue also bei einer anderen Familie. Nach dem frommen Teil („Maria sei gegrüßet" ist ein obligates Lied) dürfen Tee, Kekse und Kletzenbrot natürlich nicht fehlen.

In Haibach an der Donau ist die Herbergssuche nicht mit einem Bild verbunden, sondern mit einer musikalischen Darbietung. Ähnlich wie die Sternsinger ziehen Gruppen von Haus zu Haus, von Wohnung zu Wohnung, „aber eben Erwachsene", sagt Pastoralassistent Tobias Almer, der selbst schon unterwegs war. Bis zu 40 Personen sind eingebunden, denn diese Touren, allabendlich den ganzen Advent hindurch, wollen ja wohlorganisiert sein. Man braucht fürs traditionelle Herbergslied (das erste im Linzer Diözesananhang des alten Gesangbuchs „Gotteslob") eine Maria, einen Josef, einen Wirt und einen Musikanten. „Meistens ein Ziehharmonikaspieler, oft ist das unser Altpfarrer", erzählt Tobias Almer. Altpfarrer Josef Wundsam war es auch, der diesen Brauch seinerzeit aus Eferding mitgebracht und nach Haibach gleichsam

verpflanzt hat. Gut so, denn in Eferding wird die Herbergssuche so nicht mehr praktiziert.

Bräuche sind etwas Lebendiges, sie kommen und gehen. In Frankenburg hat sich viele Jahre lang die Goldhaubengruppe der Sache angenommen. Im Pfarrhof dort gibt es hölzernes Kästchen mit Glas vorne, darinnen kleine Wachsfigürchen in einer orientalischen Landschaft: Maria auf dem Esel reitend, Josef, der das Tier führt – und ein

Wirt, der die beiden vor der Tür stehen lässt. Dieses reizvolle Objekt wurde bei der Herbergssuche weitergereicht. „Seit einiger Zeit machen wir das aber nicht mehr", sagt Elisabeth Pixner, die Obfrau der Goldhaubengruppe im Ort. Drei Weihnachtsmarkt-Wochenenden, da fehlen die Kapazitäten – und auch die Jugend. „Aber wenn es wieder ein paar Jugendliche gibt, vielleicht fangen wir dann wieder damit." ❋ KRIE-

67

Raunächt san vier,
zwoa foast
und zwoa diarr

Die foaste Raunacht

SAGE AUS DEM HAUSRUCKVIERTEL

Besonders in den Raunächten fegte die Wilde Jagd durch das Hausruckviertel. Die Raunächte dauerten von der Thomasnacht (21. Dezember) bis zur Nacht auf Dreikönig (6. Jänner), wurden aber später auf die Zeit vom 24. Dezember bis zum 6. Jänner verkürzt. Zahllose Bräuche zeugen von diesen Nächten, wie das Räuchern, bei dem Haus, Hof und Ställe zum Schutz gegen die bösen Geister ausgeräuchert wurden. Den meist maskierten Räucherern wurden Speisen gereicht, an zwei Tagen bzw. Nächten gab es deftige Kost (foaste Raunacht) und an zwei wurden Fastenspeisen gereicht (dürre Raunacht).

In der letzten, der foasten Raunacht, saß einmal ein junger Knecht mit seinen Kameraden in Geboltskirchen beisammen. Sie sprachen über die Wilde Jagd, die in der kommenden Nacht besonders arg über das Hausruckviertel fegen würde. Der Knecht lächelte über die Warnungen und beschloss, dem Spukgerede nachzugehen.

Um Mitternacht marschierte er die Dorfstraße Richtung Piesing entlang. Bei der Spitzbruck hielt er an und stopfte sich seine Pfeife. Gelangweilt starrte er in das Wasser des Vorbaches und wollte umkehren, als plötzlich arger Wind aufkam. Von Ferne sah er unheimliche Gestalten geradewegs auf ihn zukommen. Die losgerissenen Hunde des Dorfes bildeten die Vorhut. Schnell versteckte sich der entmutigte Knecht unter der Brücke, wo er sich an einen Holzpiloten klammerte, um nicht von dem Wilden Gjaid fortgerissen zu werden. Die wenigen Minuten erschienen ihm endlos. Dann war es auf einmal ruhig. Er wollte schon zum Weg zurückkehren, als er eine Kutsche auf der Brücke vernahm. Es war kein Wiehern der Pferde zu hören, stattdessen meckerten Ziegen, welche vor den Wagen gespannt waren, den der Teufel antrieb und auf der Brücke anhielt. Dieser sprang mit einem Satz vom Kutschbock herunter. Der Knecht hielt sich zitternd an dem Brückenpfeiler fest und spürte plötzlich einen stechenden Schmerz in seinem linken Oberschenkel. Der Teufel hatte ihm eine Hacke in den Schenkel geschlagen.

Daheim warteten die Kameraden auf ihren Freund, der nicht kam. Im Morgengrauen getrauten sie sich hinaus, um ihn zu suchen. Unter der Spitzbrücke hörten sie seine Hilferufe. Sie fanden den Verwundeten und trugen ihn nach Hause. Die Verletzung wollte nicht heilen. Viele Bader versuchten ihm zu helfen, es nützte alles nichts, die Wunde blieb und der Knecht konnte nicht wieder zur Arbeit. Eine alte Frau in Geboltskirchen, die als Hexe verrufen war, gab ihm den Rat, in der nächsten foasten Raunacht wieder unter der Spitzbruck auf die Wilde Jagd zu warten.

Und so ließ er sich nach einem Jahr zur Brücke bringen. An den gleichen Holzpiloten gelehnt, hörte er wie im Vorjahr das Wilde Gjaid vorbeibrausen. Am Ende des Treibens hielt wieder die Kutsche und der Teufel sprang die Brücke herunter. Plötzlich steckte die Axt in seinem Bein. Mit den Worten „Hier hab ich mein Hackl gelassen" riss sie der Teufel aus dem Bein des Knechtes und war verschwunden. Der Knecht verlor vor Angst und Schmerz das Bewusstsein. Am nächsten Morgen wachte er zu Hause auf. Seine Freunde hatten ihn geholt. An seinem Oberschenkel war eine verkohlte Wunde, die bald verheilte. Eine Narbe blieb ihm jedoch als Erinnerung.

Räuchern und Raunachtn

Die Sonne ist das eine für jedermann sichtbare Orientierungszeichen am Himmel, der Mond das andere. Fatal, dass die zwölf Mondphasen und das eine Sonnenjahr so gar nicht synchron zusammengehen: Zwei Arten also, die Zeit zu messen und zu gliedern. Ausgerechnet am Ende des Jahres, wenn es sowieso stockdunkel ist, ist der Mondkalender „abgelaufen", noch bevor sich der sprichwörtliche Silberstreif einer wieder länger am

Tradition bis heute:
Räuchern anno 1957
im Hausruckviertel

Himmel stehenden Sonne abzeichnet. In Oberösterreich wollte man, so scheint es, früher gar nicht recht dem länger werdenden Tageslicht trauen – da hieß die Zeit von Weihnachten bis Sankt Valentin (14. Februar) überhaupt „unter den Nachtn".

Von den „Zwölften" (das ist die Differenz aus Mond- und Sonnenzyklus) sprach man früher auch sonst häufig, also von einer unheimlichen, quasi „aus dem Kalender gefallenen" Zeit. Zwischen Weihnachten und Dreikönig taumelte die Welt irgendwo im zeitlichen Nirvana. Man betrachtete sie in diesen bedrohlich dunklen Tagen als besonders anfällig für Verwundungen durch das Böse.

Vier Nächte hat man nach altem Aberglauben nochmals besonders herausgehoben, jene nach dem Fest des heiligen Thomas (21. Dezember), den Heiligen Abend, die Silvesternacht und die Nacht auf Dreikönig. Das sind die klassischen „Raunächte". „Raunächt san vier, zwoa foast und zwoa diarr", heißt es im Salzkammergut – also „dürre" (Thomas und Silvester) und „feiste" oder „fette" Raunächte (die Heilige Nacht und Dreikönig). Die Bezeichnungen haben mit dem Essen zu tun, zu Weihnachten und Dreikönig war die Tafel dem Anlass gemäß üppiger.

Volkskundlern tut in Bezug auf die Raunächte die Rechtschreibreform im Herzen weh: Das Wort kommt ja nicht vom rauen Klima, sondern von Rauch, vom häuslichen Umgang mit Weihrauch. Es wäre also wohl angebracht, weiterhin „Rauhnacht" und nicht Raunacht zu schreiben …

An den beiden „fetten" Raunächten – am Heiligabend und am Abend vor Dreikönig – ist das Räuchern zumindest im bäuerlichen Milieu noch gang und gäbe. Der Hausvater zieht betend durch Haus und Stall, Holzkohlenglut und Weihrauchkörner in einer alten Pfanne oder einem eigenen Weihrauch-

gefäß vor sich hertragend. Auch das Besprengen von Mensch, Tier, Räumen und Gerätschaften mit Weihwasser ist geübter Brauch.

Im Stodertal ist es nach wie vor üblich, dass sich die ganze Familie nach dem Räuchern in der Stube im Kreis um die Räucherpfanne aufstellt. Die Männer „fangen" mit dem Hut die Weihrauchwolke ein und setzen den Hut zwei Mal auf, die Frauen machen das Gleiche mit dem Kopftuch. Es heißt, das helfe gegen Kopf- und Zahnschmerzen.

Tiere erhalten in den Raunächten, vor allem zu Weihnachten, traditionellerweise eine „Maulgabe". Störibrot also auch für sie, gelegentlich auch Salz oder ein paar Aschenbrösel von einem „Büscherl", dem Schmuck beim Almabtrieb.

Weihrauch galt im Alten Orient als ein besonders wertvolles Harz, gerade recht, um die Würde und Erhabenheit von Königen und Priestern damit

im Wortsinn „ruchbar" zu machen. So ist auch zu erklären, dass die Heiligen Drei Könige Weihrauch als Gaben zur Krippe brachten.

Das Verbrennen von Weihrauch ist ein Bekenntnis zu Christus dem König und Erlöser. „Wie ein Rauchopfer steige mein Gebet zu dir auf", heißt es im Psalm 141. Und in der Offenbarung 8,3 ist beschrieben, wie ein Engel „mit einer goldenen Räucherpfanne an den Altar" tritt mit der Absicht, „so die Gebete aller Heiligen vor Gott zu bringen". Die Bitten und Anliegen mögen aufsteigen wie die Rauchschwaden.

Und was versteht man nun unter „Raunachtln"? Das ist ein im Innviertel noch gelegentlich am Vorabend von Dreikönig geübter Kinderbrauch. Mit Lumpen und Tüchern sind die Kinder verkleidet, und manchmal sind sie auch maskiert mit Hexen- und Krampusmasken. Einen „Rauzelten" („Rauzöhn") oder aber Orangen galt es früher zu erbitten. Heutzutage gibt es auch Geldspenden, was einst gar nicht üblich war.

Bis zum Zweiten Weltkrieg, so schreibt Rudolf Fochler in seinem Buch „Von Neujahr bis Silvester" (1971), seien Heischegänge in den Raunächten gang und gäbe gewesen. Bis zu hundert „Raunachtgeher" hätten da an die Türen geklopft und seien mit Raunachtkrapfen (Bauernkrapfen) und Rauschnitten (in Omelettenteig herausgebackene Brotstücke) beschenkt worden. Solche Rauschnitten werden im Innviertel gelegentlich immer noch an die Maschkerer und andere zu Dreikönig umgehende Personen verteilt.

Das „Raunachtln" sei selten geworden, sagt Lydia Grossl aus Kopfing. „Früher hat zwei Stunden lang dauernd die Hausglocke geschellt, so viele Kinder waren unterwegs an dem Abend." ✳ KRIE-

JOHANN LEONHARTSBERGER

Der Thomasnigl

EINE VORWEIHNACHTLICHE GESCHICHTE NACH EINER WAHREN BEGEBENHEIT

Für meine Söhne Martin und Thomas

Es war vor vielen Jahren im hügeligen Mühlviertel, als es noch strenge und kalte Winter mit zimmerhoher Schneedecke gab. Genau genommen handelt diese Geschichte an einem düsteren Dezembertag 1960, an dem große Aufregung unter uns Kindern im kleinen, tief verschneiten Bauernhof herrschte. An diesem Tag war es wieder so weit, dass Fritzl, unser heißgeliebtes schwarzes Pferd, in den Hof zum Auslauf durfte. Wir Kinder standen auf dem Lichtgang des Heubodens zwischen langen Eiszapfen und konnten aus sicherer Entfernung dem Treiben des Tieres zusehen. Besondere Freude bereitete es uns, wenn er sich im tiefen Schnee wälzte. Über und über mit Schnee bedeckt, ganz weiß, stand er vor uns. Er begann dann laut wiehernd im Hof herumzugaloppieren, bis er den ganzen Schnee abgeschüttelt hatte. Hatte er sich ausgetobt, kam er regelmäßig zur Hofhaustüre, um ein Zuckerstückchen zu erbetteln. Danach ließ er sich jedes Mal widerstandslos von meinem Vater in den Stall zurückbringen. Immer, nur heute wollte er nicht.

Er bäumte sich auf, scharrte mit den Vorderbeinen im Schnee, wieherte laut. „Na gut", sagte mein Vater, „hier hast du noch ein Zuckerstückchen." Fritzl trabte zufrieden in den Stall zurück. Auch wir Kinder drängten schon zurück in die warme Küche, nicht nur weil uns kalt war und die Bratäpfel dufteten, sondern auch weil es zu dämmern anfing und wir uns vor dem Thomasnigl fürchteten. Niemand hatte ihn je zu Gesicht bekommen, niemand wusste, wie er aussah. Nur mein Vater schien ihn zu kennen. Er erzählte die schaurigsten Geschichten über ihn. Vor allem, so erzählte er, trieb der Thomasnigl um den 21. Dezember sein Unwesen, dem Namenstag des heiligen Thomas, wenn das Land tief verschneit war und der Wind durch die Ritzen pfiff, wenn er meterhohe Schneewechten auftürmte und die Straßen zugeweht waren.

Auch an diesem kalten Winterabend erzählte uns der Vater oder, besser gesagt, er drohte uns mit dem Thomasnigl, als wir zu streiten anfingen. Meine Mutter saß schmunzelnd bei uns und strickte Wollsocken, ein Weihnachtsgeschenk für meinen großen Bruder. Gerade als Vater erzählte, wie der Thomasnigl ein schlimmes Kind in den finsteren Winterwald verschleppt hatte, gab es plötzlich im Vorhaus ein lautes Getöse. Wie bei einem Erdbeben wurde das ganze Haus erschüttert. Es stampfte, kratzte, scharrte und pfauchte vor der Türe. Alles erstarrte. Vater hörte auf zu erzählen. Es gab keinen Zweifel, das war der Thomasnigl. Nach dem ersten Schrecken flüchteten wir Kinder in die Bauernstube, meine kleine Schwester weinte verzweifelt und versteckte sich hinter meiner Mutter. Wir zitterten alle am ganzen Körper. Das Rumoren im Vorhaus wollte und wollte nicht aufhören. Es wurde einmal leiser, dann wieder lauter.

Mein Vater hatte sich schließlich etwas vom ersten Schrecken erholt. Er stand vom Küchentisch auf und ging entschlossen zur Tür, öffnete sie und ging hinaus.

Ich hörte ihn draußen schimpfen und dann energisch kommandieren. Gleich darauf wurden die furchterregenden Geräusche leiser und entfernten sich. Eine Ewigkeit dauernde Viertelstunde verging, ehe Vater wieder zu uns zurückkam. Er lachte, dann erzählte er, was er draußen erlebt hatte: Draußen im Flur war nicht der Thomasnigl, nein, es war unser Pferd, der Fritzl. Auf der Suche nach Zuckerstückchen hatte er sich im Stall losgerissen, war durch die Scheune auf den Hof gekommen und von da über ein paar Stufen durch die etwas desolate Eingangstür in den Flur gelangt. Beim Versuch, sich umzudrehen, blieb er stecken …

Für uns Kinder war die Sache mit dem Thomasnigl noch einmal gut ausgegangen. Der düstere Dezemberabend indes hat sich in der Erinnerung ganz tief eingegraben.

Schon lang nicht mehr gesehen: Der Zwiebart-Thomerl

Um 1950 soll der Zwiebart-Thomerl, diese unheimliche, schweigende Figur mit langem, in zwei Enden geteiltem Bart, noch in den Innviertler Gemeinden Aspach, Höhnart, Mettmach und Kirchheim gesichtet worden sein, wusste die Mundartdichterin Maria Limmer (1896–1974) zu erzählen. Nachzulesen ist das in ihrem postum veröffentlichten Büchlein über alte Bräuche in ihrer Heimat. Gut, wenn der Zwiebart-Thomerl nur ein einziges Mal ans Fenster klopfte, denn das galt als Schutz vor Unheil und Tod. Mehrmaliges Klopfen oder gar ein Besuch in der Stube wurde für eine unmissverständliche Todesbotschaft gehalten.

Am 21. Dezember ist der Zwiebart-Thomerl umgegangen und das ist ein beinah logischer Termin für einen, der die Zukunft anzeigt: Der Thomastag, die Wintersonnenwende, gehört nämlich zu den klassischen Lostagen. Kein Wunder, dass man an diesem Termin die erste der vier Raunächte ansetzte.

Der Tag hieß auch „Lösslabend". Hinter dem Dialektausdruck steckt „losen", und das heißt „genau hinhören". Es hat regional eine Vielzahl von Orakelbräuchen für jedes Alter gegeben. Mädchen waren einst vor allem an ihren Heiratsaussichten interessiert. Das Schlapfenwerfen war eine weitverbreitete Methode, künftigen Ehestand vorauszusagen, und das ging so: Man schleuderte den Hausschuh mit dem Fuß hinter sich. Zeigte die Spitze Richtung Tür, hieß das für die junge Dame: Es wird ernst.

Sagenhaft und unheimlich: Die im Innviertel wiederbelebte Figur des Zwiebart-Thomerl

Man sagte: „Schaut der Trittling herein, bleibt die Dirne daheim, schaut der Trittling heraus, kommt sie aus dem Haus." Eine Alternative: das Scheitelauszählen. Holzscheitel wurden abgezählt und war es eine gerade Zahl, konnte man auf eine Zukunft als Paar hoffen.

Auch das Zaunsteckenzählen war ein Orakel. Eine gewisse Zahl wurde abgezählt. War der betreffende Stecken gerade und ordentlich, war das ein deutlich besseres Omen als ein krummes Ding. Aber mal ehrlich: Welches junge Mädchen, welcher Bursch ist heutzutage schon gar so vehement aufs Heiraten aus? Und Langzeit-Singles, in denen doch der Wunsch nach stabilen Verhältnissen zu zweit rumort, sind eher nicht jene Menschengruppe, die

mit solchen Bräuchen gar so viel anfangen … Dennoch kann ein vorweihnachtlich verbrachter Lösslabend mit Schlapfenwerfen in der Freundesrunde so manchen Heiterkeitswert haben.

Der heilige Thomas – der „ungläubige Thomas", der erst seine Finger in Jesu Wundmale legen musste, um sich der Auferstehung zu vergewissern, – war also Pate solcher Orakelbräuche. Pikanterie am Rande: Mutter Kirche hat den Gedenktag des heiligen Thomas vor Jahrzehnten schon in den August verlegt!

※ KRIE-

Raunächt

Weihnachtsblasen von Haus zu Haus

„Wir waren so ziemlich die Ersten, die das gemacht haben", sagt Gerhard Nussbaumer, Obmann des Musikvereins Neukirchen bei Altmünster am Traunsee. Seit 1974 praktiziere man das Weihnachtsblasen von Haus zu Haus ohne Unterbrechung. Da ziehen an einem Tag Mitte Dezember zwölf Gruppen der Blaskapelle aus und bringen so gut wie allen zweitausend Bewohnern ein Ständchen. Jede Gruppe wechselt von Jahr zu Jahr ihr Rayon, erklärt Nussbaumer, „so kennt bald jeder jeden und redet viel miteinander." Bei dieser Gelegenheit überreichen die Musiker auch einen Kalender mit den wichtigsten Aufführungsterminen der Blaskapelle. Geldspenden werden natürlich auch gesammelt, das war ja auch ein Motiv, vor drei Jahrzehnten dieses Weihnachtsblasen in kleinen Gruppen einzuführen, „denn die Haussammlung hat sich damals aufgehört". Eine kommunikative Sache jedenfalls. Man werde gut aufgenommen, bekomme oft auch etwas zu trinken angeboten – „sämtliche Annehmlichkeiten", sagt Gerhard Nussbaumer schmunzelnd.

Manche Blaskapellen im Salzkammergut haben es dem Musikverein Neukirchen nachgemacht.

Andere ziehen, ebenfalls in kleinen Gruppen, zum „Neujahrsanblasen" mit ähnlicher Motivation aus.

Dass Bläsergruppen adventliche Veranstaltungen untermalen, ist unterdessen überall im Land selbstverständlich. Auch das Turmblasen hat sich in den vergangen zehn, 20 Jahren weit verbreitet. Das Weihnachtsblasen von Haus zu Haus ist eher etwas Besonderes. Ähnlich wie die Kollegen am Traunsee hält es der Musikverein Rannariedl in der Nähe von Neustift im Mühlkreis (an der Donau, nahe Engelhartszell). „Drei Kleingruppen unserer Musikkapelle gehen im gesamten Pfarrgebiet von Haus zu Haus, über eine gastfreundliche Aufnahme oder kleine Spenden freuen wir uns", heißt es dort. Im Jahr 2012 war man am 15. Dezember unterwegs.

Auch der Musikverein im nahen Hofkirchen hält es so: „Eine Bläsergruppe spielt in den umliegenden Ortschaften Advent- und Weihnachtslieder", eine weitere gehe auf Tour im näheren Umfeld: „Mit dieser Aktion wollen wir auch den vielen Gönnern aus der Bevölkerung ein kleines Dankeschön aussprechen."

✳ KRIE-

Kletzen,
Störi & Türkei

Das Kletzenbrot

Feigen, Datteln, Rosinen, Aranzini: Was die Gmundner Hoteliersfamilie Pernkopf vom Landhotel Grünberg am See ins Kletzenbrot gibt, neben den traditionellen „Kletzen" (getrockneten Birnen), Dörrzwetschken, Dörrmarillen und grob gehackte Nüsse, lässt einem das Wasser im Mund zusammenlaufen. Powidlmarmelade, Zimt, Lebkuchengewürz und jeweils zwei Schuss Rum unterschiedlichen Alkoholgehalts kommen noch dazu.

Das ist aber schon so etwas wie ein Fünf-Sterne-Kletzenbrot. Einst wurden in den ursprünglich aus Roggenmehl zubereiteten Teig ausschließlich gespaltene Kletzen (Mostbirnen), Hutzeln (feine geschnittene Dörrbirnen) und Zwetschken eingebacken. Feigen, Rosinen – das kannten Bauern bis ins 20. Jahrhundert hinein nicht. Die Süße des Kletzenbrots kam nicht von beigesetztem Zucker oder Honig, sondern ausschließlich von den Früchten – und das war in Zeiten, in denen wenig Süßes auf den Tisch kam, schon so etwas wie ein festtägiges Alleinstellungsmerkmal.

Die Bezeichnung „Kletzen" kommt vom mittelhochdeutschen „kloezen", was „spalten" bedeutet. Die Birnen wurden also gespalten. Im Wort „Holzklotz" lebt der Begriff weiter.

Kletzenbrot war nicht gleich Kletzenbrot: Einem handgeschriebenen Rezeptbuch von 1862 aus dem Besitz der Sensenwerke Retdenbacher in Michldorf kann man entnehmen, dass es unterschiedliche Rezepte gab: für den „Herrn", die „Stüblleut" (Inwonerleute) und so weiter. Wollten Dienstboten ein hochwertigeres Kletzenbrot, dann mussten sie die Zutaten schon selbst beisteuern.

Kletzenbrot war – wie das Störibrot auch – ein Geschenk für Knechte und Mägde. Noch bis zum Zweiten Weltkrieg galt das Kletzenbrot als Zugabe zur Entlohnung der Dienstboten. Wie aus der Gaflenzer Speiseordnung (ein Ort nahe Steyr) aus dem Jahre 1684 ersichtlich ist, sieht der ortsansässige Pfarrer J. Poscher vor, seinen Dienstboten am Heiligen Abend „jeden ein gutes Stückl" von dem „klötzen flöcken" zu geben.

Das Lebensministerium hat auf seiner

Website hochinteressante Fachartikel zu besonderen österreichischen Speisen veröffentlicht. Und weil oberösterreichische Bäcker offensichtlich besonders eifrige Material-Zulieferer waren, ist der Kletzenbrot-Beitrag besonders informativ für dieses Bundesland. Unter Registernummer 172 ist diese Spezialität im Ministerium dingfest gemacht. Im Süden Österreichs wird das Kletzenbrot ohne Ummäntelung aus weißem Teig angeboten. In Oberösterreich ist der Teigmantel mit den charakteristischen Gabel-Einstichen üblich.

Wie manch anderes Brauchtumsgebäck ist auch das Kletzenbrot immer mehr in Vergessenheit geraten: Die bäuerlichen Backöfen und Dörrhäuseln wurden abgerissen, dunkles Mehl war nicht mehr so gefragt. Unterdessen gehört das Kletzenbrot aber wieder zum unverzichtbaren weihnachtlichen Kulinarium.

Der Gedenktag des Apostels Andreas (30. November) galt früher als ein Termin, an dem man das Kletzenbrot-Backen anging, aber auch ein später Backtermin am Thomastag (21. Dezember) war mancherorts eingebürgert. Und im Hausruckviertel war überhaupt erst am 24. Dezember Backtag

fürs Kletzenbrot: Man sprach dann von der „Störibrotraunacht".

Das Kletzenbrot gilt nach altem Volksglauben als Kraft- und Fruchtbarkeitsbrot, die Bezeichnungen „Schwarzes Störi" oder „Störikletzen" kommt nicht von ungefähr. Viele Bräuche und abergläubische Vorstellungen rund ums Kletzenbrot entsprechen jenen des Störibrots: Das Anschneiden am Heiligen Abend oder am Stephanitag war ein Ritual, das Verkosten ebenfalls. Wer von sieben oder neun verschiedenen Kletzenbroten bei Verwandten und Nachbarn gekostet hatte, durfte auf ein glückliches Jahr hoffen. Aus Teig- und Fruchtresten hat man Kletzenbrot für die Tiere gebacken und ihnen als Maulgabe verfüttert, um Segen zu erbitten. An abergläubischen Ritualen rund ums Kletzenbrot fehlte es nicht: Nach dem Kneten des Teiges liefen die Bäckerinnen, noch mit Teig an den Händen, ins Freie und umarmten Obstbäume, auf dass der Ertrag im kommenden Jahr groß sei.

Im Mühlviertel hat man erklärt, Kletzenbrot werde gegessen, weil sich die heilige Familie bei der Flucht nach Ägypten vorwiegend von Früchten ernährt habe – eine volksethymologische Erklärung.

Bemerkenswert ist, dass es rund ums Kletzenbrot eine ganze Reihe von Bräuchen gab, die auf Hochzeitsorakel hinausliefen: In Munderfing nahe der Grenze zu Salzburg praktizierte man bis in die dreißiger Jahre das „Kletzenbrotfahren": In der Nacht zum Stephanitag schwärzten Burschen ihre Gesichter mit Ruß und rammten mit Jauchenfässern so lange gegen Tore von Bauernhöfen, bis ihnen die ledigen Mädchen öffneten und ein süßes Kletzenbrot reichten. Im Innviertel zogen Burschen gruppenweise von Hof zu Hof und baten ums „Kletzenbrotanschneiden". Klopften im Laufe des Tages neun Burschen an, galt das für die Mädchen als gutes Zeichen, bald zum Traualtar geführt zu werden.

Anschneiden und gemeinsamer Verzehr von Kletzenbrot war – etwa im östlichen Mühlviertel und im Salzkammergut – eine Handlung, die so etwas wie eine Verlobung bedeutete: Da war man jedenfalls schon sehr weit mit der gemeinsamen Lebensplanung.

Und das auch schon längst nicht mehr praktizierte „Kletzenbrotreiten" am Stephanitag? Der Erzmärtyrer Stephanus ist ein Pferdepatron und so ritten festlich gekleidete Männer im Innviertel von Haus zu Haus und wurden mit Kletzenbrot und Schnaps bewirtet.

✳ KRIE-

Schmankerln zur Weihnachtszeit

KLETZENSTÖRI - ZUBEREITUNG

Für die Fülle die Kletzen dämpfen, nach dem Erkalten Stiele und Blütenansätze entfernen, einschneiden (oder durch die Speckscheibe des Fleischwolfes faschieren). Dörrzwetschken und Feigen klein schneiden, alle anderen Früchte, Mehl, Gewürze und Germ untermischen, den Rum und so viel Kletzendämpfwasser dazugeben, dass eine saftige Masse entsteht, und alles durchkneten. Zugedeckt über Nacht stehen lassen.

Für den Teig Mehl, Butter, Germ, Milch und Salz zu einem mittelfesten Germteig verarbeiten, ½ Stunde rasten lassen. Den Teig in 4 Teile teilen, durchkneten, vier Laibchen formen und nochmals rasten lassen.

Den Teig dünn ausrollen, in längliche, bemehlte oder mit einem Tuch ausgelegte Form legen, die Teigränder über die Form hinausragen lassen und je ein Viertel der Frucht-masse hineindrücken. Die Teigplatte darüber zusammen-drücken und auf ein befettetes Blech stürzen. Striezeln mit Klar bestreichen und mit geschälten Mandeln verzieren.

4 Striezel haben auf einem Blech Platz. Anfangs bei 200 °C und nach ca. ½ Stunde bei 170 °C insgesamt 75 Minuten backen.

MARIA S. AUS EBERSTALZELL
Kletzenstöri

ZUTATEN FÜR DIE FÜLLE
1 kg Kletzen
75 g Rosinen
75 g Aranzini
50 g Zitronat
10 Dörrzwetschken
1 Feige
1 Handvoll gebackene Mandeln
120 g Zitrone (Saft und Schale)
¼ l Rum
2 Handvoll Mehl
1 P Trockengerm
1 große Prise Zimt
1 kleine Prise gemahlene Nelken

ZUTATEN FÜR DEN TEIG
300 g Mehl
50 g zerlassene Butter
½ P. Trockengerm
⅛ l lauwarme Milch
1 TL Salz
1 Ei zum Bestreichen
Mandeln zum Belegen

Michaela K. aus Linz
Linzer Augen

Zutaten
230 g Mehl
150 g Butter
80 g Staubzucker
2 Dotter
60 g Mandelsplitter

1 Ei zum Bestreichen
Marilllenmarmelade zum
Zusammensetzen
Staubzucker zum Bestreuen

Linzer Augen - Zubereitung

Mehl, Butter, Zucker, Dotter zu einem Teig verarbeiten.
Teig rasten lassen, 3–4 mm dick ausrollen und Scheiben
ausstechen (Durchmesser 8–10 cm).

Die Hälfte der Scheiben mit einem Loch versehen,
Ringe mit Ei bestreichen und mit Mandeln bestreuen,

Ringe und Scheiben bei 160 °C hell backen, ganze
Scheiben mit Marmelade bestreichen und bezuckerte
Ringe aufsetzen.

Störibrot

Wer würde damit rechnen, dass ein Begriff wie „Störibrot" in Google über zweitausend Treffer liefert? Ja, man bäckt wieder Störibrot. Ob die Bäcker steigender Nachfrage folgen oder mit dem Angebot die Käufer neugierig machen, bleibe dahingestellt. Das Störibrot jedenfalls gehört zu jenen Traditionen, die derzeit merklich aufleben. Verloren war die Tradition freilich nie, wie der Welser Bäcker Gerhard Stöbich erzählt. „Ich bin in der vierten Generation, wir haben das seit 120 Jahren immer gemacht."

Kletzenbrot (das weihnachtliche Früchtebrot) und Störibrot waren einst auch eine Gabe für die Dienstleute am Bauernhof, als Zeichen der Wertschätzung ihrer Arbeit. Und sogar die Tiere bekamen beim Stallausräuchern in den Raunächten ihr „Viehstöri".

Die Sage zum speziellen Brot: Die Leute ließen alles liegen, um dem hellen Schein über der Krippe zu folgen, und kamen zum Jesuskind. Da mag es einigen, trotz seelenwärmender Erstbegegnung mit Gottes Sohn, eiskalt den Rücken hinuntergelaufen sein: Hatten sie doch vergessen, dass Brot im Backofen lag, und waren sie so eilig aufgebrochen, dass die Dampflöcher zugestopft blieben. Das Brot wäre verdorben gewesen, doch das Jesuskind gab den Segen und versicherte, das Brot sei in Ordnung. So war es denn auch. Seither werde das Störibrot gebacken, sagt man in Oberösterreich. Es ist ein sehr helles, der Farbe nach an Weißbrot erinnerndes Brot.

Das althochdeutsche Wort „stere" – Kraft, Stärke – steckt im Namen. Manche Bäcker machen gern ein kleines Geheimnis um dieses halbweiße Brot. Andere sind freizügiger und verraten die Ingredienzien: „Wir verwenden als Zutaten helle Roggenmehle", heißt es in der Bäckerei Huber in Leonding. Dieser „Weißroggen ist vermahlenes Roggenkorn mit sehr wenig Schalenanteilen". Es werde mit zwei Dritteln Milch und nur einem Drittel Wasser vermengt. „Mit reiner Butter und Gewürzen, wie man sie seit vier Generationen dafür verwendet" (und doch nicht verrät) werde die Mischung schonend und langsam zu einem geschmeidigen Teig vermengt.

„Dann folgt eine lange Entspannungssphase für den Teig, damit dieser sein volles Aroma entfalten kann."

Andere Bäcker sprechen von „Mischbrot", nehmen Weizenmehl und ein gutes Drittel ganz helles Roggenmehl. Anis oder Sternanis gehören jedenfalls dazu. Gerhard Stöbich nimmt zur Hälfte Weizenmehl und Weißroggen, Anis und Salz – „und sonst nichts", wie er betont. Ein kleiner Laib oder Striezel mit 800 Gramm ist bei ihm üblich, „zu Weihnachten werden aber auch Zwei- oder Drei-Kilo-Striezel gerne genommen. Das Brotanschneiden war ja früher eine Zeremonie", erinnert sich Huber, aber jetzt, da die Familien kleiner werden, hätten sich die Zeiten eben geändert.

Mit dem Störibrot hat man sich zu den Festtagen jedenfalls selbst verwöhnt, denn im Alltag gab es fast ausschließlich das dunklere Roggenbrot. Nach dem Andreastag (30. November) sollte das Getreide fürs Störi gemahlen werden und der Vorabend vor dem Weihnachtsfest war der traditionelle Backtermin bei den Bauern. Angeschnitten wurde der Störilaib in der Heiligen Nacht. Wenn man am Stephanitag den Schwiegereltern die obligate Aufwartung machte, wurde natürlich auch vom Störibrot gekostet. Auch Nachbarn besuchten sich gegenseitig und es gab den Aberglauben, dass jene Leute mit Glück und Gesundheit rechnen dürften, die auf diese Weise siebenerlei Störibrot verkosteten.

Und apropos Gesundheit: Da weiß der Gerhard Stöbich aus Wels, bei dem es das Störibrot das ganze Jahr über (mit kurzer Sommerpause) gibt, noch etwas Interessantes zu berichten: Früher hätten Hebammen Störibrot auch zu den gebärenden Müttern mitgenommen, denn der Anis sei für sie besonders gesund. „So hat mir das die Großmutter erzählt."

❋ KRIE-

Kletzen

LINZER KRAPFERLN - ZUBEREITUNG

Die hartgekochten Dotter durch ein Haarsieb streichen und mit 80 g gesiebtem Staubzucker und der Butter flaumig rühren.

Vanillezucker, Salz, gesiebtes Mehl und den übrigen Zucker zufügen und alles gut verkneten. Mürbteig in Alufolie wickeln und 2 Stunden im Kühlschrank rasten lassen.

Den Teig 4 mm dick ausrollen und Ringe von etwa 6 cm Außen- und 2,5 cm Innendurchmesser ausstechen, die Ringe einseitig mit Dotter bestreichen. Auf die bestrichene Seite die klein gehackten Mandeln drücken.

Die Ringe mit den Mandeln nach oben auf ein ungefettetes Backblech setzen. Bei 200 °C ca. 10 – 15 Minuten backen. Das Gebäck abkühlen lassen.

Die Unterseite mit Ribiselgelee bestreichen und je zwei Ringe zusammensetzen.

INGEBORG S. AUS OBERTRAUN
Linzer Krapferln

ZUTATEN FÜR DEN TEIG
4 hart gekochte Dotter
120 g Staubzucker
200 g Butter
2 P. Vanillezucker
1 Prise Salz
300 g Mehl

100 g geschälte, klein gehackte
Mandeln zum Verzieren
1 Dotter zum Bestreichen
Ribiselgelee zum Zusammensetzen

HERTA M. AUS BAD ISCHL

Ischler Krapferln

ZUTATEN
400 g Butter
750 g Mehl
1 ½ P. Backpulver
300 g Zucker
3 Eier
3 EL Milch
1 ½ P. Vanillezucker
100 g geriebene Schokolade
100 g geriebene Nüsse

Marillenmarmelade zum Bestreichen
Schokoladeglasur
geschälte, halbierte Mandeln zum
Verzieren

ISCHLER KRAPFERLN - ZUBEREITUNG

Mehl, Backpulver und Butter abbröseln, Zucker,
Vanillezucker, Eier, Milch, Nüsse und Schokolade zugeben
und zu einem festen Teig verarbeiten. Kühl rasten lassen,
runde Krapferln ausstechen, bei 180 °C backen.
Auskühlen lassen, mit Marillenmarmelade
zusammensetzen, mit Schokoladeglasur überziehen.
Mit geschälten, halbierten Mandeln belegen.

Allerlei Weihnachtsgerichte

Weihnachtskarpfen und Weihnachtsgans sind es wohl, die als Festspeisen immer wieder genannt werden. Aber wirkliche Menüpläne gibt es nicht mehr, das bestätigen viele Fleischhauer des Landes. Was also kommt am Christtag auf die oberösterreichischen Tische? Kalbsbraten, Wild, Eferdinger Gänse (all das gern mit Rotkraut) nennt der Lochener Fleischermeister Gerhard Baischer, aber auch den Weihnachts-Truthahn: „Der ist zu dem Anlass deshalb beliebt, weil sonst nicht so viele Leute an einem Tisch sitzen."

Die Sache mit der Gans hat eine Oberösterreich und hier speziell das Mühlviertel betreffende kulturhistorische Komponente. Dort gibt es eine jahrhundertealte Tradition der Gänsehaltung. Die „Mühlviertler Alm Weidegänse" sind eine kulinarische Marke der Region. Mit „Almen" sind Viehweiden gemeint, es geht um Wiesenflächen auf einer Seehöhe von rund 400 bis 1000 Metern. Weidevieh und Gänse lebten jedenfalls in guter, biologischer Gemeinsamkeit, und es gab frei laufende Gänse zuhauf in früheren Jahrhunderten. Man schätzte sie ursprünglich vor allem wegen ihres Federkleids und erst in zweiter Linie wegen ihres Fleisches. Bis 1914 trieben zudem böhmische Hirten alljährlich im Herbst große Scharen von Gänsen ins Mühlviertel, um sie dort zu verkaufen.

Erst nach dem Ersten Weltkrieg nahm die Gänsehaltung nach und nach ab. Trotz Jahrhunderte langer Tradition war die Gans seit den fünfziger Jahren von den oberösterreichischen Bauernhöfen fast verschwunden. Der für diese Tiere notwendige Lebensraum war auf-

on rund um die Gans in erster Linie das beliebte Martinigansl-Essen rund um den Namenstag des heiligen Martin vor allem im Burgenland. Stimmt nur bedingt, denn die Martins-Verehrung war im Burgenland nicht intensiver als anderswo (wenn nicht geringer, wegen des ansehnlich hohen evangelischen Bevölkerungsanteils). Tatsächlich aber gab es im Mühlviertel traditionellerweise zu Martini ein großes Essen bestehend aus Martinigans und Martinikrapfen – oder auch Schweinsbraten. Denn der heilige Martin gilt auch als Schutzpatron der Schweine.

Generell war das Fest des heiligen Martin am 11. November ein wichtiger Feiertag im Bauernjahr und ursprünglicher Adventbeginn (weil man den Advent seinerzeit nicht nur vier Wochen, sondern analog zur vorösterlichen Bußzeit 40 Tage dauern ließ). Das macht den Martinstag also für den Weihnachtsfestkreis relevant: Gänse waren Tiere, die man nicht über den Winter durchfüttern wollte. Das führte auf das Martinsfest hin zu einem Schlachtfest größeren Ausmaßes: Von einem Speisezettel aus dem Jahr 1632 wissen wir, dass im Stift Mondsee zu Martini unter anderem 129 Gänse auf-

grund eines Agrarstrukturwandels großteils zerstört worden. Dazu kam, dass die jungen Bäuerinnen keinen Wert mehr darauf legten, Gänsefedern zu spleißen.

Erst ein neues Bewusstsein für lokalspezifische Besonderheit und Qualität der Nahrungsmittel machte die Gänse wieder „salonfähig". Heute liegen die Schwerpunkte für die Gänsehaltung im Mühlviertel in den Gemeinden Pierbach, Königswiesen, Mönchdorf, Liebenau, Bad Zell, St. Leonhard und Schönau. Dennoch assoziiert man mit der Traditi-

getischt wurden. Gänse, die es in den Advent hinein schafften, waren dann zu Weihnachten das nächste Mal akut vom todbringenden Messer bedroht …

Und wie steht es konkret um den Weihnachtskarpfen? Der Karpfen sei sowieso ein Fisch vor allem für die Wintermonate, sagt man beim Mühlviertler Biofleisch-Erzeuger Sonnberg. Große Nachfrage gebe es zu Weihnachten. Generell gilt für den Karpfen, dass er als Weihnachtsessen eher nördlich der Donau eingebürgert ist, als Spezialität der an Böhmen und Mähren angrenzenden Gegenden. Richtung Waldviertel (Niederösterreich) und Wien nimmt der „Weihnachtskarpfen" an Beliebtheit deutlich zu.

Feine gedankliche Kapriolen hat man früher geschlagen, um den Karpfen auch in der (adventlichen) Fastenzeit in katholischem Sinne mundsam zu halten. Das Fleischverbot meinte „warmblütige Tiere" und somit war gegen Fisch nichts einzuwenden.

Gegen Weihnachten zu hat man sich noch andere Spitzfindigkeiten ausgedacht: In der Vergangenheit herrschte der Irrglaube, dass Karpfen geschlechtslos seien und direkt dem Wassergrund entsprängen. Sie eigneten sich somit besonders gut

als Gericht metaphorisch für die Jungfrauengeburt Jesu! Ein weiterer Aberglaube war auch, dass ein mondförmiger kleiner Stein über den Augen des Karpfens existiere und dem, der ihn zu Weihnachten findet, Glück bringe.

Schließlich hatte man auch zu Neujahr den Karpfen als Glücksbringer im Visier: Eine Karpfenschuppe bei sich zu tragen sollte für Geldsegen sorgen. Dieser Brauch hatte mit der münzenähnlichen Form von Karpfenschuppen zu tun. ❊ KRIE-

Schmankerln zur Weihnachtszeit

MARIA O. AUS HAIBACH

Weihnachts-Gansl mit Krautsalat

ZUTATEN (6 PORTIONEN)
1 küchenfertige Gans
Salz
Majoran
¼ l Wasser

FÜR DIE SEMMELFÜLLE
4 Semmeln
3 Eier
1 Bund grüne Petersilie
2 EL weiche Butter
Milch nach Bedarf

FÜR DEN KRAUTSALAT
1 Häuptel Weißkraut
1 l Wasser
Apfelessig
Kümmel
Salz
1 EL Kristallzucker
1 EL Schmalz (besser Ganslfett)

WEIHNACHTS-GANSL MIT KRAUTSALAT - ZUBEREITUNG

Die Gans waschen, innen und außen mit Salz und Majoran einreiben.

Für die Semmelfülle geschnittene Semmeln, Eier, Salz, gehackte Petersilie, Butter und heiße Milch nach Bedarf gut mischen und die Gans mit der Semmelmasse füllen. Das Gansl in einer großen Bratenpfanne mit Wasser ins Rohr stellen und bei 200 °C gut 3 Stunden braten. Überschüssiges Fett abschöpfen und das Gansl während des Bratens öfters mit Bratensaft übergießen.

Für den Krautsalat das Kraut fein nudelig schneiden oder mit dem Krauthobel hobeln, mit kochendem Wasser übergießen und eine halbe Stunde stehen lassen, abseihen, den Sud mit Essig, Kümmel, Zucker und Salz aufkochen und wieder über das Kraut gießen. 1 EL heißes Ganslfett dazugeben und durchrühren.

MANFRED SIMETINGER

Der 24-Stunden-Truthahn

Also das war so: Normalerweise verbringen mein Lieblingsmensch und ich Weihnachten und den Jahreswechsel irgendwo in tropischen Gefilden. Alles hatten wir schon hinter uns: eine abenteuerliche Fahrt im Motorboot am Barriere-Riff, Tauchen vor den Malediven, die Everglades aus der Vogelperspektive mit einem Mietflugzeug, die Einsamkeit auf Hawaii, beißende Insekten auf den Seychellen, teure Restaurantrechnungen auf Bora Bora, ein Wettschwimmen mit Pinguinen vor Kapstadt, unsere Hochzeit in einem Heißluftballon über Florida, einen streunenden Hund auf Kho Samui – der wahrscheinlich noch heute an uns denkt, weil wir ihn derart hingebungsvoll verwöhnt hatten – und vieles mehr. Aber ein Weihnachten mit Zimtsternen und Tannenduft, das hatte sich in unserer Vorstellung auf den Stellenwert von Kindheitserinnerungen reduziert.

In diesem Jahr war alles anders, denn mein Lieblingsmensch feierte im November einen runden Geburtstag. Das passende Geschenk dazu war eine Weltreise, von der wir erst Ende des Monats heimkehrten. Natürlich konnten wir da zu Weihnachten nicht erneut verreisen. Irgendwann müssen auch wir arbeiten. Für mich stand eines fest: Wenn wir Weihnachten schon zu Hause feierten, dann würde ich am 24. Dezember für die Familie etwas Besonderes kochen. Aber mit welchem Menü kann man heutzutage noch überraschen? Schließlich sollte es nicht nur etwas Neues sein, sondern auch dem weihnachtlichen Anlass entsprechen!

Bei unseren häufigen Besuchen in den USA hatten mich immer die Turkeys fasziniert. Also ein Türkei, aber ein wirklich großer, musste her! Auf meinem Weg ins Büro fuhr ich regelmäßig an einem Plakat vorbei, das für die frischen Truthähne eines Mühlviertler Bauernhofs warb. Ich notierte mir die Telefonnummer und meldete mein Kommen an. Ich wollte ja nicht irgendeinen Truthahn erwerben, sondern einen besonderen, einen, dem man auch in gebratenem Zustand die glückliche Kindheit ansah. Wie der Zufall es wollte, fiel mir auch eine Illustrierte mit dem Rezept eines Tiroler Haubenkochs in die Hände: „Der 24-Stunden-Truthahn.“

Perfekt! Das war mein Weihnachtsmenü, denn einen derartigen Vogel aufzuspießen und ihn in einem elektrischen Grill zwei Stunden lang seiner endgültigen Bestimmung entgegendrehen zu lassen, das konnte doch jeder! Ein glücklicher Truthahn hat sich außerdem eine liebevollere Behandlung verdient! Zunächst vermaß ich unser Backrohr. Es war 46 Zentimeter breit, 34 hoch und 41 tief. Ich wollte nämlich einen großen Truthahn kaufen, allerdings durfte dieser auch nicht zu groß sein, damit ich ihn nicht schon vor dem Braten verstümmeln musste, weil er die Dimensionen unseres genormten Einbauherds sprengte. Er sollte in voller Schönheit auf den weihnachtlichen Tisch kommen!

Mit den Herdinnenmaßen und einem Maßband in der Tasche machte ich mich auf den Weg zum Bauernhof, wo mich eine Bäuerin empfing, wie sie klassischer – mit Kopftuch, Schürze und Gummistiefeln – nicht hätte sein können. Und überall liefen Truthähne umher.

Ob ich einen lebenden oder einen geschlachteten Truthahn möchte, fragte sie mich. Ich musste nicht lang überlegen und antwortete: „Einen geschlachteten, bitte!"

Meinem Truthahn in die Augen zu sehen, auf der Heimfahrt eine Beziehung zu ihm aufzubauen – was während einer einstündigen Autofahrt unvermeidlich gewesen wäre – und ihm dann den

Hals umzudrehen, hätte ich nicht geschafft. So persönlich wollte ich meinen Truthahn nicht kennenlernen.

Die Bäuerin führte mich in den Kühlraum, wo jede Menge bereits ermordeter und gerupfter Tiere hingen. Wie viel Kilo der Truthahn haben solle beziehungsweise für wie viele Personen er gedacht sei, wurde ich gefragt.

„Das weiß ich nicht", sagte ich, „aber ich habe die Maße bei mir. Ideal wären 46-34-41."

In den Ohren der Bäuerin musste das wie die Maße eines Models geklungen haben, das allerdings nicht ganz dem gängigen Schönheitsideal entsprach. Ich sah es ihr an, dass sie schwankte und nicht sicher war, ob ich sie auf den Arm nahm oder ob ich bloß verrückt war. Ich glaubte, ihr deshalb eine Erklärung schuldig zu sein, und schilderte ihr kurz mein Vorhaben. Als ich unnötigerweise auch die 24-stündige Zubereitung erwähnte, meinte sie trocken: „Das meinen S' aber nit ernst!"

Unter ihrem noch immer ungläubigen Blick begann ich, die Vögel der Reihe nach abzumessen. Das dauerte eine geraume Weile, denn es war wie verhext. Stimmten die Maße in der Breite und der

Kletzen

Länge, dann haperte es mit der Höhe oder umgekehrt. Drei Maße unter einen Hut zu bringen, schien beinah ein Ding der Unmöglichkeit zu sein. Ein Blick auf die Bäuerin überzeugte mich, dass sie inzwischen zu einem abschließenden Urteil über mich gekommen und dieses eindeutig ausgefallen war. Ich war deshalb erleichtert, als ich endlich doch den Truthahn mit meinen Traummaßen ausfindig gemacht hatte.

„Der muss es sein", sagte ich erleichtert.

Die Bäuerin nahm ihn wortlos vom Haken. Dann wickelte sie ihn in Papier, stülpte ihm einen Plastiksack über und drehte die Enden zusammen. Ich wusste, dass ich dieses Jahr, vielleicht sogar in allen nun folgenden Jahren, das Gespräch unter den Weihnachtsbäumen dieses Dorfes sein würde.

Endlich saß ich im Auto und hatte Zeit, meine Gedanken zu sammeln. Der Truthahn war zwar gerupft, aber irgendwie kam mir vor, er bedürfe einer Nachbehandlung. Also hielt ich vor einem Drogeriemarkt und besorgte einen BIC-Rasierer.

Zu Hause kam der Truthahn in die Badewanne und wurde, diesmal unter dem ungläubigen Staunen meines Lieblingsmenschen, glatt rasiert, abgeduscht und trocken getupft. Nun folgte die eigentliche Zubereitung.

Am 23. Dezember, Punkt 18 Uhr, kam der Puter ins Rohr und damit begann der aufwendigste Teil meines Weihnachtsmenüs. Die ersten vier Stunden waren ja halbwegs erträglich, denn der Truthahn verlangte keine besondere Pflege, aber dann wollte er jede Stunde übergossen werden. Bis drei Uhr früh war das mein Job. Dann wurde der Wecker gestellt und abwechselnd standen mein Lieblingsmensch und ich auf, um den Vogel zu pflegen. Diese Tätigkeit setzte sich auch am Weihnachtstag bis 18 Uhr fort. Dann bekam er kleine Kochmützen aus Papier an die Beine gesteckt und wurde mit Beilagen zwei Tage lang verspeist.

Es war ja auch ein besonders großer Truthahn.

Das Geheimnis
des letzten Christbaumes

Der Christbaum aus der Heimat

Oberösterreicher sind besonders patriotisch, was ihre Christbäume angeht: 80 bis 85 Prozent der zuletzt über 400.000 im Bundesland verkauften Christbäume kommen aus heimischen Kulturen (seltener: Wäldern), heißt es bei der Landwirtschaftskammer Oberösterreich. Dem Eindruck, dass jedes größere Einkaufszentrum im Dezember einen kleinen Markt mit dänischer Importware vor der Tür hat, zum Trotz: 45 Prozent der Christ-

bäume werden in Oberösterreich ab Hof, ab Kultur oder gleich ab Wald gekauft. „Die Tendenz ist steigend, das heißt, dass die Oberösterreicher den Christbaumkauf gerne zu einem Erlebnis werden lassen und den Kontakt zu den Christbaumbauern suchen", betont Landwirtschaftskammer-Präsident Franz Reisecker. Im Durchschnitt sei in jeder dritten Gemeinde ein Christbaumbauer zu finden.

Ignaz Hofer, Obmann OÖ. Christbaumbauern: „Wegen ihrer weichen Nadeln hat sich die Nordmanntanne in den letzten Jahren zum beliebtesten Weihnachtsbaum der Österreicher gemausert." Sie mache mit über 70 Prozent den Löwenanteil im Verkauf aus, 20 Prozent entfielen auf Fichten und Blaufichten. Tannen seien zum Schmücken besonders beliebt, Fichten würden eher im Außenbereich als „Zweitbäume" verwendet. Verschwindend gering sei der Anteil an Plastikchristbäumen (unter ein Prozent).

Der erste Christbaum auf einem öffentlichen Platz soll während des Ersten Weltkriegs in Feldkirch (Vorarlberg) gestanden sein, zur selben Zeit soll es sich in Linz allmählich eingebürgert haben, kleine Bäumchen auf die Gräber zu stellen.

In Ebensee wurde in den dreißiger Jahren ein Christbaum öffentlich aufgestellt, weiß die österreichische Brauchkennerin Helga Maria Wolf. Damit tat man es den Wienern gleich, die damals schon einen Lichterbaum vor der Staatsoper platzierten. Eher begegnete man in der Zwischenkriegszeit aber vor Kirchen elektrisch beleuchteten Bäumen.

Wann aber stand der erste von regierenden Häuptern fürs Fußvolk geschmückte Baum in Oberösterreich? Auch da ahmte man Wien nach, wo 1959 das erste Mal vor dem Rathaus ein großer Baum als Geschenk aus den Bundesländern aufgestellt wurde. Im Jahr darauf vereinbarten der damalige Linzer Bürgermeister Ernst Koref und Landeshauptmann Heinrich Gleißner, dass in Zukunft jedes Jahr eines der Landesviertel seine Verbundenheit mit der Metropole durch ein Baumgeschenk ausdrücken möge. Der erste Baum, gestiftet vom Oberösterreichischen Gemeindebund und dem Landesinstitut für Volksbildung, kam aus den Wäldern des oberen Mühlviertels. Damals wurde der Christbaum übrigens erst am Vorabend des dritten Adventsonntags aufgestellt.

Äpfel, Nüsse Strohsterne – was kommt eigentlich auf einen „typischen" österreichischen Christbaum? Für die CD-ROM „Im Winter und zur Weihnachtszeit/Bräuche im Salzburger Land", eine der derzeit relevanten volkskundlichen Basisarbeiten nicht nur für den Salzburger Raum, wurden auch die Christbaum-Vorlieben erhoben. Die Sache ist ruinös für den Glaskugelschmuck ausgegangen (4,8 Prozent), wohingegen das Votum mit 55 Prozent ganz entschieden auf den „Bauernchristbaum" gefallen ist.

Das Ergebnis hat freilich einen argen Pferdefuß: Einen „Bauernchristbaum" hat es in Oberösterreich ebenso wenig wie in den anderen österreichischen Bundesländern gegeben. „Der heute viel propagierte ‚bäuerliche' oder ‚traditionelle' Christbaum ist ein Kunstprodukt unserer Vergangenheitssehnsucht und Heimatbedürfnisses nach dem Zweiten Weltkrieg." So ernüchternd formuliert das die Volkskundlerin Ulrike Kammerhofer-Aggermann.

Der Christbaum ist ein Import aus dem protestantischen Deutschland. In Wien wurde der erste Christbaum 1814 „ruchbar", wie Spitzel dem Staatskanzler Metternich steckten. Er stand im Palais des Bankiers Nathan Adam von Arnstein, der mit einer Berlinerin verheiratet war. In dem Jahr begann der Wiener Kongress und Fanny von Arnsteins Salon war ein beliebter Treffpunkt. So war es verständlich, dass die Dame des Hauses ihren Gästen ein Weihnachtsfest bot, das sie nach heimatlicher – also norddeutscher – Sitte arrangierte.

Der Wiener Adel nahm die neue „Mode", einen geschmückten Nadelbaum anlässlich des Weihnachtsfestes in den Salon zu stellen, begeistert auf. Nur zwei Jahre später – Erzherzog Karl hatte kurz zuvor die nassauische Prinzessin Henriette geheiratet – führte diese den Weihnachtsbaum im Kaiserhaus ein. Das Bürgertum folgte auf dem Fuße, bald gehörte es zum guten Ton, am Heiligen Abend eine Fichte oder Tanne, geschmückt mit Lichtern, buntem Papier, mit Süßigkeiten und Geschenken, aufzustellen.

Eher zögerlich ist der Christbaum in den Bundesländern aufgenommen worden. Der erste dokumentierte (private) oberösterreichische Christbaum stand 1848 in Ried im Hause des Kaufmannes J. Anton Rapolter. Ein Gemälde im Innviertler Volkskundehaus in Ried zeigt das bescheidene Bäumchen. Außer mit Äpfeln, goldenen Nüssen, Bändern, Kerzchen und Lebzelten wurden die Bäume alsbald auch mit bunten Glaskugeln aus Böhmen behängt.

Erst in der Zwischenkriegszeit ist der Christbaum, bis dahin ausschließlich im städtischen Bürgertum beheimatet, allmählich im ländlichen Raum aufgenommen worden.

❋ KRIE-

Christbaum

Thomas Bernhard

Von sieben Tannen und vom Schnee …

Eine märchenhafte Weihnachtsgeschichte

Jedes Jahr am Heiligen Abend machte ich den langen Weg hinüber nach St. Brigitten, um von einer weißhaarigen, gütigen Frau die drei Christkerzen für unseren Weihnachtstisch zu holen. „Die ist gegen das Feuer, die gegen die Not und die für ein ewiges Leben", sagte die Alte, wickelte alle drei in einen Leinenlappen und steckte sie in meinen kleinen Sack, den ich auf dem Rücken trug. Dann schenkte sie mir einige zuckerbestreute Sichelmonde und Sterne, lächelte und verschloss die Tür, während ich durch den tiefen Schnee nach Hause stapfte …

Das war genau sieben Jahre, nachdem mich die Welt übernommen hatte.

Eine gute Stunde hatte ich bis nach Henndorf zurückzulegen, das in einem weiten, bis an den See reichenden Tale lag, in dem es so kalt werden konnte, dass sogar die Eisblumen an den Fenstern erfroren. Nicht lange, nachdem die Sonne hinter den Hügeln verschwunden war, wanderte schon der Vollmond über die dunklen Fichten. Ab und zu tauchte im flachen Nebel ein Stubenlicht auf oder es schrie eine Krähe am Rand des zugefrorenen Teichs. Unter meinen festen Schritten knirschte der kristallene Schnee und im Mondlicht dampfte der Atem. Ich weitete die Brust und zählte die Sterne, die am Himmel aufleuchteten, aber schließlich waren es so viele, dass ich nicht mehr wusste, wo ich zu zählen begonnen hatte und wo aufgehört. Auf der weißen Fläche, die sich unendlich an den Horizont dehnte, spiegelten sich Millionen irdischer Sonnen wider und wurden so zu einem einzigen Licht, das die Welt überstrahlte. Da mag ich wohl an den Himmel gedacht haben und an alle, die ihn nicht glauben. Da mag ich sehr glücklich gewesen sein und zufrieden und hingehorcht haben an tausende Dinge, die in mir und um mich waren: die tiefe Nacht! Und wenn ich zu den Wipfeln emporsah und noch weiter und weiter hinauf, dann wusste ich auch, dass das ewige Leben, von dem die Alte erzählte, die höchste Empfindung im Anblick des Seins ist …

Vor der kleinen Kapelle mit der bemalten Madonna blieb ich stehen. Und weil ich sie immer aufsuchte, wenn ich vorbeikam, schlug ich den Schnee von den Schuhen und stellte mich unter

Beschaulich: Kapelle im Nationalpark
Kalkalpen bei Molln

das tiefblaue Gewölbe. Ich faltete die Hände, aber ich betete nicht, denn wenn das Glück und die Offenbarung am nächsten sind, glaubt man nur und erfüllt. – Da standen drei Heilige hinter dem Eisengitter, der eine im goldenen, der andere im gelben und der dritte im braunen Mantel. Alle drei aus jahrhundertealtem Eschenholz. Ihre teils fröhlichen und ernsten Gesichter waren von der Sonne gebleicht. Je mehr ich sie aber betrachtete, umso größer wurden sie. Ihre Hände bewegten sich, ihre Augen leuchteten und dann war es auch, als redeten sie miteinander. Vielleicht öffnete sich auch das Gitter? Aber ein Chor von Hunderten von Engeln sang. Langsam ging ich ihnen nach, durch den eisigen Winter, immer tiefer ins Schweigen der Nacht.

Die drei Heiligen führten mich an die Ränder des Waldes, wo der frisch gefallene Schnee so tief lag, dass nur die Wipfel der jungen Tannen herausschauten, und wo es so ruhig war, dass man nur die Schritte hörte, die große, dunkle Löcher in die weiße Decke drückten. Manchmal bewegte sich einer der herabhängenden Äste oder fiel Schnee von den Zweigen, als wäre ein Reh in die Lichtung getreten. Hie und da war es, als knisterte ein Stern. Vom Großen Bären fielen tausende Schuppen herab.

„Komm", sagte der eine Heilige, „wir gehen zu den sieben Tannen, die die Welt bedeuten." „Die Welt?", fragte ich.

„Ja, die ganze", meinte der kleinste, von dem ich wusste, dass er Antonius hieß, und der dritte war schon weit voraus. Meine Schritte machte ich immer leichter, und schließlich schwebte ich wie der Mond über das ganze große Waldstück.

„Da her!", sagte Andreas, der ein wunderbares Gesicht hatte und tief leuchtende Augen. Mich wunderte, dass es ihn nicht fror, denn an den Füßen hatte er noch immer die dünnen Sandalen. Aber sein Bart schien ihn wirklich zu wärmen.

Mitten im Schnee, in der Nähe eines kleinen Hügels, standen sieben Tannen. Die erste war die größte, die siebente am allerkleinsten. Sie konnte den Schnee, der ihren Wipfel niederdrückte, kaum ertragen.

„Da sind sie", sagte einer von den dreien, „alle sieben. Sie leben sehr zurückgezogen, die Schönheit, die Wahrheit, die Reinheit, die Vernunft, der Glaube, die Hoffnung und …"

„… und die Liebe", sagte der Kleinste, dem es gar nicht recht war, dass der Mond seinen Kahlkopf beschien. „Die ist am schlechtesten daran, sie kann nicht nachkommen", sagten alle drei versonnen und schüttelten die Köpfe. Dann war es ganz still.

„Warum kann sie nicht nachkommen?", fragte ich nach einer Weile.

„Ja", überlegten sie, „weil … weil sie so schwächlich ist".

„Man müsste sie pflegen. Es gibt doch Menschen, die mit ihr umzugehen wissen", meinte ich recht verwundert.

„Niemand geht so weit heraus, um sich ihrer anzunehmen", stellten die Heiligen fest. „Sie haben alle keine Zeit."

„Keine Zeit?"

„Ja."

„Ach", sagte ich, „dann wird sie vielleicht verkümmern!"

Ich rüttelte sie von allen Seiten so fest, dass der ganze Schnee von ihren schwachen Ästen fiel – und da war es mir auch, als atmete sie tief.

Christbäume aus der Wassertiefe

Neptun steigt aus dem Mondsee, bei sibirischen Temperaturen! Ein Netzgewand trägt er über dem Neoprenanzug, eine goldene Krone und eine Perücke mit grauem Haar hat er auf dem Kopf. Natürlich hält er einen Dreispitz in Händen. Für ortsansässige Besucher kommt sein Erscheinen aus der Seetiefe nicht ganz so überraschend wie für die Touristen, die dem Fackelzug vom Weihnachtsmarkt vor der Mondseer Basilika zum Seeufer einfach aus Neugier gefolgt sind.

Das Christbaumtauchen in Mondsee wird schon seit den sechziger Jahren durchgeführt. Die Mitglieder der Wasserrettung treffen sich am Christkindlmarkt und gehen in einer Fackelprozession zur Seepromenade. Mit ihren Fackeln steigen die Taucher dann auch ins Wasser und schließlich werden drei hell beleuchtete Christbäume aus der Tiefe geholt. Und – echt wahr – Neptun scheint Urlaub im Mittelmeer genommen zu haben und taucht hier auf, als Bewacher der Christbäume! Offenbar braucht man auch als römischer Meeresgott einen Ferialjob oder wenigstens mal Luft-, pardon, Wasserwechsel. Mit einem Korb geht Neptun dann an Land und beschenkt die Kinder.

Das Christbaumtauchen ist ein sehr beliebter Adventbrauch von Tauchsportclubs und den verschiedenen Ortsgruppen der Wasserrettungen geworden, die auch in den Traunsee und den Attersee steigen und illuminierte Nadelbäume aus der Tiefe holen. In Steyr und Großraming holt man Christbäume aus der Enns, in Schärding aus dem Inn und in Puchenau aus der Donau. Mehr als ein Dutzend weiterer Christbaumtauch-Aktionen gibt es in Oberösterreich. Im Pichlinger See, einem 50 Jahre alten Schotterteich südöstlich von Linz, der als Eldorado für Taucher gilt, wird nicht nur das Christbaumtauchen veranstaltet, sondern auch ein Ostereiertauchen.

1966 hat man das erste Mal vor Gmunden einen Christbaum versenkt. „Wir in Gmunden haben das Christbaumtauchen erfunden", versichert man bei der dortigen Wasserrettung. „Als Sepp

Höller die Idee kam, wusste er noch nicht, wie das funktionieren könnte. Er stellte deshalb in der Badewanne Experimente an – das Christbaumtauchen wurde in der Badewanne geboren." Nur eines der Geheimnisse soll hier gelüftet werden: Eine wasserdicht verpackte Batterie ist eine unabdingbare Voraussetzung.

Keine Scheu vor kaltem Wasser:
Christbaumtaucher in Steyr

Ursprünglich ist es darum gegangen, „den Kindern vom SOS-Kinderdorf Altmünster eine Freude zu machen". Und das Wesentliche, so versichern die Organisatoren, sei es, der im Traunsee Verunglückten zu gedenken: „Mit dem Licht, das aus den dunklen Wassern kommt."

Nach viereinhalb Jahrzehnten ist das Christbaumtauchen in Gmunden ein fester Programmpunkt im Advent. Von einem Schiff der Traunseeschifffahrt Karl Eder gehen 15 Fackelschwimmer vom Union Tauchclub Altmünster von Bord. Sie bilden einen Halbkreis und in dem Augenblick, da der Christbaum gehoben wird, löschen sie ihre Fackeln durch Eintauchen. Neptun ist schon im Mondsee beschäftigt, drum übernimmt in Gmunden ein Weihnachtsmann das Verteilen von Geschenken an die Kinder.

HUBERT VON GOISERN

Das Geheimnis des letzten Christbaumes

Es begann jedes Jahr mit der Besorgung des Reisigs für den Adventkranz. Seine Herkunft war nie ein Geheimnis, das schnitten wir vom Baum, von irgendeiner Tanne im Wald, der gleich hinter dem Haus begann. Im eigenen Garten standen ja, sah man von der Buchenhecke ab, nur Obstbäume.

Geheimnisvoll war höchstens, dass es dafür einen bestimmten Kalendertag gab. Denn wer das Abnadeln der Zweige nicht dem Zufall überlassen wollte, stapfte nur an bestimmten Tagen mit Axt oder Säge bewehrt durch die tief verschneite Landschaft und schleppte Äste durch den Ort. Man musste dazu gar nicht selber die höheren Weihen der Mondphasen empfangen haben, es reichte die Beobachtung der Nachbarn.

Aber mit dem Einzug des Adventkranzes und mit dem Duft, den das Tannenreisig und die Kekse verströmten, begann auch das Rätseln unter uns Kindern, wie das wohl heuer gehen würde mit dem Christbaum. Damals standen ja nicht an jeder zweiten Straßenkreuzung „Nordmänner" zum Verkauf. Und dass die Bundesforstverwaltung in Goisern einen Innenhof hatte, erfuhr ich auch erst viel später. Jeder rechtschaffene Goiserer mied dieses Gebäude instinktiv, beherbergte es doch den Gottsei-bei-Uns in Gestalt des Oberförsters.

Solange wir noch an das Christkind glaubten, war alles im Lot: Der Christbaum war Teil des Weihnachtswunders. Mit dem Verlust der Naivität kam nach und nach die Wahrheit ans Licht, nur das Mysterium des Weihnachtsbaumes hielt hartnäckig unserer Neugier stand. Diesbezügliche Fragen waren verboten, lösten strenge Blicke beim Vater und besorgte bei der Mutter aus. Wir wussten nur, dass er nicht vom Himmel fiel, bis wir eines späten Abends im Advent unseren Großvater mit einem Baum in der Holzhütte verschwinden sahen. Bedrängt und unter dem Siegel der Verschwiegenheit rückte er mit der Wahrheit heraus: Dass nämlich der Christbaum nicht nur kein Geschenk des

Himmels war, sondern sozusagen das Gegenteil – Diebesgut. Natürlich nur in den Augen der Förster, wie er bedeutungsvoll hinzufügte. Denn er sehe das anders, dass nämlich der Wald und die Berge sowie der See und die Traun unser aller Eigentum seien. Selbstverständlich mit allem, was dazugehört, dem Wildbret und den Fischen. Und weil er schon einmal dabei sei, sollen wir auch wissen, dass es, abgesehen von Förstern, Jägern, Lehrern und Gendarmen, auch noch sogenannte „Hochzeits-Schauer", „Dampf-Plauderer" und „Schoas-Prachter" gäbe, vor denen man sich hüten müsse.

Auf's Christbaumstehlen kam er erst im Sommer des nächsten Jahres wieder zu sprechen. Bei einer Bergtour. Einen Schlag überquerend, wies er auf eine Gruppe junger Tannenbäume und meinte, da sei ein schöner dabei. Den gelte es, sich zu merken. Schöner Wuchs, regelmäßig und dicht, sowie das Wichtigste: Er stand in einem dunklen Mais, wo es „eh zu wenig Licht für alle" gab. Einen her-

auszuschneiden war „geradezu Pflicht". Weil aber die Möglichkeit bestand, dass dieser Baum auch einem anderen auffiel und dieser jenige einem zuvorkommen könnte, müsse man sich zumindest zwei, noch besser drei weitere Bäume ausspähen, um nicht in die Bredouille zu kommen. Denn wenn erst einmal der Schnee auf den Ästen liege, sei es schwer, einen schönen Baum auszumachen.

Als mein Großvater 70 wurde, beschloss meine Mutter, dass mein Vater ihm das vorweihnachtliche Baumstehlen zu verbieten habe. Ich sehe ihn noch vor mir, wie er schweigend und bedächtig seine Kartoffelsuppe löffelte und als

er fertig war, verkündete, dass ich das jetzt übernehmen könne. Ich sei ja eh schon 16. Er selber werde ab nun nur noch einen Baum „besorgen", den für meine Tante in der Stadt.

Diese Form des Widerstandes hielt er aufrecht bis zum 75er. Da ereilte ihn sein Schicksal. Die Einführung der Plombierung gekaufter Bäume hatte nur zum Teil damit zu tun. Alle Erwachsenen redeten ihm ins Gewissen, es doch endlich sein zu lassen. Wenn man ihn erwische oder dahinterkäme, würde man ihn einsperren und meine Tante dazu.

Ich traf ihn am Nachmittag, als er gerade vom Bahnhof kam, nachdem er den Baum zum Versenden nach Linz dorthin gebracht hatte. Er war ungewöhnlich aufgekratzt und sein Gesicht war puterrot. Er wirkte etwas verwirrt und es dauerte eine Weile, bis ich aus seinen Worten schlau wurde und den Grund seiner Entrüstung erfasste. Er war tatsächlich ins Forstamt gegangen, um zum ersten Mal in seinem Leben einen Christbaum zu kaufen. Nachdem er alle Tannen inspiziert hatte, musste er feststellen, dass es nur einen einzigen Baum gab,

der seinen Idealen entsprach. Dieser hatte aber acht Reihen und war damit viel zu groß für das Wohnzimmer von Tante Mimi. Da die kleineren Exemplare allesamt „Krampen" – also von unregelmäßigem Wuchs – waren, kam nur der Achtreiher in Frage. Allerdings war er nur bereit gewesen, für die oberen fünf Reihen zu bezahlen. Diese „Rotzpippn" hatten jedoch darauf bestanden, dass er den ganzen Baum bezahlte. Daraufhin war er heimgegangen, um wenig später mit dem Fuchsschwanz im Rucksack wiederzukommen. In einem unbeobachteten Moment hatte er die unteren drei Reihen des Baumes abgesägt und den oberen Teil dann zur Kassa gebracht. Ganz hinten hätte er ihn gefunden, den müsse er vorher übersehen haben.

Nachdem er mir das erzählt hatte, ging er nach Hause, um sich ein wenig niederzulegen. Aus diesem Schlaf wachte er nicht mehr auf. „Gehirnschlag", sagte der Arzt: „Hat er sich in den letzten Stunden über etwas aufgeregt?"

Ich bin heute noch froh, dass sein „letzter Baum" wenigstens zum Teil gewildert war.

Christbaum

EVA LUBINGER

Es begab sich

Es begann im Grunde damit, dass der Christ-baum umfiel, wie er es im Lauf vergangener Jahrzehnte in periodischen Abständen in betrüblicher Weise immer wieder getan hatte, was manchmal zu unweihnachtlichen Spannungen innerhalb der Familie führte.

Nun, diesmal war es etwas anders: Es gab keine erkennbare Schuld, etwa in Folge nachlässigen oder ungeschickten Aufstellens des noch ungeschmückten Baumes am 23. Dezember. Nein, diesmal war der hohe, bis an die Zimmerdecke reichende Baum, prächtig geschmückt, aus rein metaphysischen, nicht nachvollziehbaren Gründen während der Nacht, als alle im Hause schliefen, schlichtweg umgefallen und hatte dabei die vorderen Kugeln, Vögel und Glöckchen zerstört und ihre gold- und silberglitzernden Reste wie Sternschnuppen über die angrenzenden Teppiche und Fußböden verstreut.

Ein deprimierender Anblick, als ich am Morgen das Zimmer betrat.

Zu früh, dachte ich, um mindestens zwei Wochen zu früh. Der Baum sollte noch leben, den vollen Boden des Weihnachtsfestkreises ausschreiten. Nun hätte ein vernünftiger Mensch wohl den zwar etwas brutalen und plötzlichen Hinweis auf das Ab- und Wegräumen des Baumes für diese Festzeit angenommen und die Konsequenzen daraus gezogen. Ich aber war noch nie wirklich vernünftig und in der Weihnachtszeit verlosch ein letzter Rest von Vernunft meist unter einem Schwall nostalgischer Emotionen.

Trotz packte mich. Schließlich wollte ich mich von diesem Fait accompli nicht überrollen lassen. Der Baum wurde entfernt, wenn und wann ich es wollte, nicht wenn es ihm selbst einfiele, sich treulos und tückisch auf die Teppiche zu werfen. Also

111

packte ich entschlossen seinen unwirtlich kratzenden Stamm – es handelte sich um eine prächtige Blaufichte – und stellte ihn mit einiger Anstrengung wieder auf, sammelte das traurige Glasperlenspiel, das sich da rund um mich befand, vom Boden auf, hängte einige unversehrte Kugeln, die nicht in der Feuerlinie gewesen waren, an die leeren vorderen Stellen und betrachtete dann mein Werk. Die Silberfäden hatten sich um die Zweige gewickelt, statt glatt wie Eiszapfen abzuhängen, nichts stimmte mehr so ganz, schlicht gesagt: Der Baum wirkte etwas defloriert. Aber es war doch wieder ein Christbaum, ein Symbol dieser festlichen Zeit. Man durfte eben nicht zu genau hinschauen. Soweit die Vorgeschichte.

Ein paar Tage später rief ich eine liebe junge Freundin im Oberinntal an. Ich wusste, dass sie an Lymphdrüsenkrebs litt, eine Reihe schlimmer Chemotherapien hinter sich hatte, und ich wollte wissen, wie es ihr ging und wie sie die Weihnachtszeit verbracht hatte.

Gar nicht, sagte sie und versuchte ihrer Stimme einen munteren Klang zu geben. Weißt du, ich habe den Heiligen Abend nicht wirklich mitbekommen, obwohl meine Familie sich bemüht hat, es mir schön zu machen, aber es ging mir furchtbar schlecht. Ich war in einer Art Dämmerzustand. Aber jetzt, fuhr sie fort, und ihre Stimme klang sehr hoffnungsvoll, fühle ich mich viel besser. Man hat mich durch starke Kortisonspritzen noch einmal auf die Beine gestellt. Ich bin neugierig, wie lange es anhält.

Mir tat das Herz weh und ich verdrängte den Gedanken, dass dieses nicht stattgefundene Weihnachtsfest wohl ihr letztes gewesen sein könnte. „Möchtest du zu mir kommen und ein bisschen nachfeiern?", fragte ich sie. „Ich könnte dich mit dem Auto holen und dann wieder ins Oberland hinaufbringen." Oh ja, das würde ich gern tun – ihre Stimme klang, als schwinge eine kleine Glocke mit.

Es war ein etwas verrücktes Unternehmen, ein Fuhrwerk, wie man in manchen Tälern Tirols sagt. Bevor ich losfuhr, rief ich eine Freundin an und bat sie, mit ihrer Gitarre in etwa zwei Stunden zu mir zu kommen. Eine kleine Weihnachtsfeier sei angesagt, Erklärungen würden später folgen. Und so holte ich Monika. Der Himmel war auf meiner Seite, die Autobahn schneefrei, nicht eisig, und es fiel auch kein Nebel ein. Monika war schon fahrbereit, wieder

Christbaum

schmäler als bei unserem letzten Wiedersehen, ihr hübsches junges Gesicht durchsichtig, weiß. Einen Augenblick lang erinnerte ich mich an das energische vitalitätssprühende Geschöpf, das ich vor Jahren kennengelernt hatte. Alles um Monika hatte geblüht: ihr Garten, der von Blumen immer überquoll, ihre Topfpflanzen im Haus, an ihren Fenstern hingen von ihr gehäkelte lange Vorhänge, und sie selbst war erfüllt gewesen von Lebendigkeit.

Ich verdrängte das wehmütige Bild, meine Erschütterung über das so augenfällige Fortschreiten der gnadenlosen Krankheit, und half Monika ins Auto. Nach einer knappen Stunde zu Hause angekommen, erwartete uns schon meine Freundin mit der Gitarre, bereit, zu spielen und zu singen, was Monika wünschte. Zuerst aber tranken wir Tee und aßen Weihnachtskekse und dank der Kortisongabe hatte Monika auch etwas Appetit. Dann bettete ich sie in unseren bequemsten Lehnsessel vor dem großen Christbaum, der jetzt so unschuldig dastand, als hätte er niemals nächtens den Boden der Länge nach aufgesucht. Nun zündete ich, obwohl das eigentliche Fest schon einige Wochen zurücklag, feierlich die Kerzen am Baum an, eine nach der anderen. Heller als der Baum leuchtete Monikas Antlitz, das jetzt so unglaublich jung aussah wie eine Neuauflage aus ihrer frühen Mädchenzeit, so als stiegen alle Weihnachtsfeste verflossener Jahre aus dem tiefen Brunnen der Zeit herauf und vereinigten sich mit diesem heutigen nachgeholten. Wir sangen österreichische und englische Weihnachtslieder, wir wanderten mit „Good King Wenzeslas" durch froststarrende Wälder, beladen mit Gaben zur Hütte des armen Mannes, trugen die schlichten Geschenke alpenländischer Hirten zur Krippe des göttlichen Kindes, schaukelten mit den Magiern aus dem Morgenland durch die Wüste, immer der Verheißung des Sterns folgend, und beschworen in dem uralten Lied der „Twelve Days of Christmas" das Geheimnis der Raunächte.

Wir waren fröhlich, wir hatten es schön, die Zeit stand eine kleine Weile still. Nicht einmal das Ticken der Krebsuhr war für ein paar gnädige Stunden zu hören. Monika war gesund, das Nesselkleid der Krankheit schien abgefallen. Und es war nicht nur der Widerschein der Kerzen, der sich in ihrem Gesicht spiegelte. Sie sah mich an und sagte leise: „Deshalb hast du deinen umgefallenen Christbaum noch einmal aufgestellt. Es sollte so sein, du hast einen inneren Befehl befolgt. Und damit hast du mir Weihnachten geschenkt. Das war mein Fest."

In ihren Augen las ich, dass auch sie wusste, dass es das letzte in der Gefangenschaft dieses Sterns war, und ich spürte ihre Hoffnung, dass ein viel größeres, unsäglich schönes auf sie wartete.

Dann begann die Zeit wieder in ihre Rechte zu treten, man hörte sie einklicken in den Tagesab-

lauf, der Abend neigte sich und ich brachte Monika heim ins Oberinntal. Auf dem Rückweg stieg sachter Nebel aus dem Flusstal, aber es machte mir nichts mehr aus, die „Aktion Weihnachten" konnte er nicht mehr gefährden.

Als ich heimkam, war ich ziemlich müde. Ich tat nichts Besonderes mehr an diesem Abend, nur den Orion, meinen alten Freund, betrachtete ich länger als sonst am nächtlichen Winterhimmel und es war mir, als hätte ich etwas vom Geheimnis des Weihnachtsfestes erfahren, einen Blick getan in seine unauslotbare Tiefe, und hätte ein Licht gesehen, auf das ich lebenslang zugehen sollte.

Monika starb Anfang April, gerade als die vielen Blumen ihres Gartens zu neuem Leben erwachten und zu blühen begannen.

Christbaum

FRANZ KREGL

Weihnachten an der Grenze

Weihnachten, angeblich das Fest der Stille, war besonders in den harten Nachkriegsjahren, aber durchaus auch noch in den späten fünfziger und frühen sechziger Jahren in vielerlei Hinsicht tatsächlich still. Abgesehen davon, dass sich in der allgemeinen Aufregung vor dem Fest kleinere Kinderbalgereien nicht vermeiden ließen, deren Lautstärke jedoch merklich abnahm, je näher der Heilige Abend kam, war Weihnachten einst selbst für die empfindlichsten Ohren wesentlich bekömmlicher als heutzutage, da bereits Anfang November stille Nächte und Tannenbäume aus den Lautsprechern säuseln.

Vergleichsweise dezent war die Zeit damals auch, was die Geschenke betraf. Eine Tatsache, die für die Kinder zunächst hart erscheinen mochte, aber vielleicht eine Basis für eine Lebensführung im Sinne einer neuen Bescheidenheit war. Ein Verständnis dafür sollte freilich erst viel später greifen.

Der Wunschzettel einer Großfamilie war schnell geschrieben und hatte nur selten die Größe eines Bierblockes. Gestrickte Hauben, Socken und Schals gehörten sozusagen zur Standardausrüstung und waren alljährlich unter dem Christbaum zu finden, wenngleich bisweilen die Wolle der funkelnagelneuen Kniestrümpfe verdächtig einem Schal glich, der plötzlich wie vom Erdboden verschwunden war.

Gelegentlich lagen aber auch Spielsachen unter dem Weihnachtsbaum, die man nicht einmal in seinen kühnsten Träumen erhofft hätte. Aber diese Geschenke waren nach einigen Tagen auf mysteriöse Weise plötzlich verschwunden. In manchen Jahren langte es halt nur für entliehene Gaben.

Zu einem Christbaum reichte es aber immer. Noch am Vormittag vor der großen Bescherung machten sich die Kinder auf in den Wald, um eine kleine Fichte zu fällen. Ob dabei die Grundgrenzen immer exakt eingehalten wurden, war von zweitrangiger Bedeutung. Der Baum wurde prächtig geschmückt und war für kurze Zeit der Mittelpunkt der Familie, zumindest solange er noch Zuckerringerln, Windgebäck und andere Süßigkeiten trug, was in der Regel nur wenige Tage dauerte. Wie durch Zauberhand war der Christbaum im Nu abgelaust und selbstverständlich wollte es

niemand gewesen sein. Selbst mit verdächtigen Schokolade_spuren im Mundwinkel wurde noch beteuert, nicht einmal in der Nähe des Baumes gewesen zu sein. Auf diese Weise regelte sich die Verteilung der Süßigkeiten wie von selbst, und man konnte sicher sein, dass niemand zu kurz kam.

Beinahe friedlich zeigte sich an diesen Tagen auch die Grenze. Sogenannte Grenzaktivitäten waren in der kalten Jahreszeit eher rar. Im Normalfall war in den weißen Wintermonaten nichts von einer drohenden roten Gefahr zu spüren. Wohl konnte an manchen sonnigen Tagen bei scharfer Beobachtung eine gut getarnte Patrouille ausgemacht werden, die auf Schiern ruhig die Grenze entlangglitt. Nur die aus dem fremd wirkenden weißen Tarnanzug hervorlugenden braunen Gewehrkolben verrieten den wenig friedvollen Zweck.

Die Maltsch, die eigentliche Grenzlinie, war den Großteil des Winters über zugefroren und schneebedeckt, sodass man ihrer traurigen, trennenden Funktion nicht sogleich gewahr wurde. Offenbar versuchte die Natur zu verdecken, was der Mensch angerichtet hatte.

In Wirklichkeit musste selbst an den friedlichsten Tagen manchmal festgestellt werden, dass der Grenze nicht zu trauen war. So wurde einmal an einem Heiligen Abend die feierliche Stimmung im Schein des glitzernden Christbaumes in beängstigender Weise gestört. Die Weihnachtslieder, die sich dem alten Radio nur mehr krächzend entwanden, wurden urplötzlich von Salven aus Maschinenpistolen und vereinzelten Gewehrschüssen übertönt. Die Weihnachtsidylle war dahin. Angst und Entsetzen machten sich breit. Nach dem ersten Schock und den Sekunden der fragenden Blicke war allen klar, was geschehen war und was man zu tun hatte. Erklärungen waren nicht nötig. Schnell wurden die Kerzen des Christbaumes ausgeblasen und weitere Licht- und Geräuschquellen gedämpft. Regungslos und bis zum Bersten angespannt saßen alle um den in der Mitte der Stube aufgestellten eisernen Ofen, von dessen kleiner Kochplatte sich der Duft gebratener Äpfel im Raum verteilte und sich mit dem Rauch der erloschenen Kerzen mischte. Noch nie zuvor hatte es intensiver nach Weihnachten gerochen und doch war es nun so fern.

Die Schüsse waren ganz in der Nähe gefallen, und dass sie auf der anderen Seite der Grenze abgefeuert wurden, war längst allen klar. Gewehrschüsse wurden herüben meist nur von Jägern abgegeben und es war undenkbar, dass sich ein noch so rauer Waidmann in der Christnacht auf die Pirsch begeben hätte. Darüber hinaus vermochten die heimischen Jäger keine Salven aus ihren Büchsen abzufeuern, wenngleich das gelegentlich durchaus hilfreich gewesen wäre.

Auf zwei, drei Gewehrsalven folgten einige Einzelschüsse, die wiederum von Dauerfeuer abgelöst wurden. Dann war es ruhig, auch in der Stube, nur das Knistern des brennenden Holzes im Stubenofen begleitete die Stille. Schon glaubte man, der Spuk sei vorbei und man könne endlich wieder das Licht einschalten, da war plötzlich auf der anderen Seite der Maltsch ein Motorengeräusch zu vernehmen. Verängstigt, aber doch neugierig, stürmte man zu den Fenstern, doch ein Fahrzeug war nicht zu erblicken. Der Motorenlärm kam näher und näher und immer noch konnte das dazugehörende Gefährt nicht ausgemacht werden. Erst als es, nur durch den Fluss getrennt, direkt gegenüber dem Haus

fuhr, war es endlich zu sehen. Zu erkennen waren nur die bis auf zwei schmale Streifen abgedeckten Scheinwerfer, aus denen ein schwacher Lichtstrahl kam. Dieses Tarnlicht verhieß nichts Gutes. Freilich war klar, dass dieser rätselhafte Aufmarsch nicht den Bewohnern diesseits der Maltsch galt, aber Nervosität und Unruhe legten sich deswegen nicht. Der Jeep hielt nicht an, sondern verschwand ebenso rasch wieder, wie er aufgetaucht war.

Wozu und für wen diese fürchterliche Weihnachtsüberraschung inszeniert worden war, konnte nie festgestellt werden. Mit einiger Sicherheit muss aber angenommen werden, dass in dieser Nacht nicht nur Maria und Josef auf Herbergssuche gewesen sind.

Gemeinsam zur Christmette

Es kann's ja net sein, dass nur mehr g'fahren wird zur Christmette" – das hat sich Johann Höller von der Freiwilligen Feuerwehr Aschenberg gedacht und einen Brauch wieder eingeführt, der früher weit verbreitet war, „aber dann eingeschlafen ist", wie er erzählt: die Mettenwanderung, also den gemeinsamen nächtlichen Fußmarsch in die Kirche.

„Früher sind von jedem Hof mehrere Leute gemeinsam losgezogen, Sturmlaternen haben sie getragen", erinnert sich Höller. „Wir nehmen auch Laternen, da ist das Friedenslicht drinnen." Seit zehn oder zwölf Jahren – genau erinnert sich Höller nicht mehr – marschiert man also wieder in der Gruppe. „Am scheanan is, wenn's a weng schneit." Die Sache ist natürlich wetterabhängig, aber bis zu 40 Personen können schon zusammenkommen beim gemeinsamen Treffpunkt an der Kreuzung in Watzing, wo Grüpp-chen auch „von der Aschendorfer und der Ginzldorfer Seite" aufeinandertreffen. Gemeinsam geht es dann die knapp drei Kilometer zur Kirche. „Ganz zwanglos", sei das, „wer da ist, ist da."

Was schätzen die Leute an der Mettenwanderung? „Dass sie über Gott und die Welt reden können", sagt Johann Höller. „Die Nachbarn kommen ja sonst nicht mehr z'sammen." Immer mehr Teilnehmer werden es, alle Altersklassen sind vertreten und schon „fast mehr Frauen als Männer".

Da und dort laden Vereine zur Mettenwanderung, in bäuerlichen Gegenden bilden sich gewohnheitsgemäß auch private Grüppchen von Kirchgängern. „Bei besonders kalten Temperaturen machen die Wanderer oft Zwischenstation bei Bauernhöfen und wärmen sich dort in der Stube oder stärken sich mit einem kleinen Stamperl für die weitere Wegstrecke", schrieb Stefan Lorenz 2011 in der Zeitung der Landjugend Oberösterreich.

In Wolfern bei Steyr ist es auch diese Landjugend, die eine solche Mettenwanderung organisiert. Um 23 Uhr trifft man sich bei der Tankstelle Losensteinleiten und macht sich auf Richtung Kirche, denn dort beginnt die Mette tatsächlich noch um Mitternacht. ❋ KRIE-

RICHARD BILLINGER

Die Wette

Albin wettet heuer mit seinem Bruder Loisl, in der Heiligen Nacht bis zur Mitternachtsstunde aufzubleiben. Er will mit Agnes wachen, um dann die Christmette in der Kirche zum ersten Male mit den Erwachsenen zu feiern.

Die Nacht treibt ihn schon um die fünfte Stunde mit ihrem schwarzen Besen in das Haus. Er kann vom Hausflur nicht in die Stube treten, die Tür ist heute verriegelt, das Schlüsselloch verstopft. Er balgt sich, um die Wartezeit bis zum Erscheinen des Christkindes zu vertreiben, mit Loisl in der Schlafkammer. Sie bewerfen sich mit den Bettkissen, schreien und tollen und überhören ganz das silberhelle Klingeln, das sie zum Christkind in die Stube ruft. Agnes holt die Kampfhähne; sie poltern nun über die Stiege in den Hausflur und drängen in die übervolle Stube.

Da steht nun der Weihnachtsbaum! Seine sterngeschmückte Spitze greift bis an die Decke! Julie bewundert, von ihrer Mutter herbeigeführt, Albins vom Christkind geschenkten Kaufmannsladen mit den vielen ausziehbaren Laden, die messingne Waage, die blauweiß gestreiften Zuckerhütlein. Sie darf aus einem Glas den süßen Schnaps, den Rosoli, trinken und die knusprigen Oblaten essen. Der Ofen strahlt heute eine besondere Wärme in die Stube, von den heißen Ofenkacheln scheint die Luft wie in geheimnisvollen Schleiern zu tanzen.

Vater und Mutter sind von der Tagesarbeit erschöpft und suchen bald ihre Schlafkammer auf. Bruder Loisl nimmt sein Schaukelpferd mit in sein Bett. Julie trägt ihre vom Christkind in die Stube getragene Puppe nach Hause. Albin legt sich auf das kalte Ledersofa. Er ist taub geblieben gegen alle Ermahnungen der Eltern, doch auch im Bette den Schlaf zu suchen. Er hört nun die Turmuhr die zehnte Stunde schlagen. Nie in seinem schon acht Jahre zählenden Leben ist er so lange aufgeblieben! Ein süßer Frost schüttelt ihn. Er liegt da wie ein Betrunkener. Durch den Vorhangspalt leuchtet guldengroß ein goldener Stern. Der Stern von Bethlehem! Die Nacht, sie rauscht draußen wohl wie das Meer, Riesen und ungeheure Wolkenberge sind ihre Gespielen. Alle Stubenfenster sind von ihrem Glanze erfüllt. Agnes trägt eine rot gestreifte Rossdecke in die Stube, hüllt Albin damit ein. „Schlaf", sagt sie „du musst schlafen jetzt!"

Albin schließt die Augen. Er wagt nicht mehr, aus dem Fenster zu schauen. Jetzt blickt er heimlich auf Agnes. Sie will bei der geweihten Kerze bis zur Mettenstunde wachen. Sie geht jetzt mit ihren weichen Filzschuhen von einer Stubenwand zur anderen. Sie berührt den Uhrkasten, den Schrank, den Stuhl und den Tisch. Sie spricht: „Du lieber Stuhl! Du lieber Tisch! Du lieber Kasten!" Albin erschrickt. Agnes Stimme ist ihm doch bekannt und gar vertraut. Jetzt redet sie, als sänge ein Vögelchen. Über ihre pockennarbigen Wangen rollen die silberkugeligen Tränen. Agnes kniet nun vor der Mettenkerze. Sie erlebt wohl das Wunder. Ihre Augen leuchten wie die Sonne, wie die Sterne. Sie hört es auch, was hinter jedem Geschöpfe ein Himmelsmund flüstert, sieht jeden

Kern in der Schale, jede Wurzel, den Stachel der Biene, den Flügel des Sturmes. Sie weiß auch die Namen aller von Gott erschaffenen Tiere und Dinge und Menschen, Namen, die sie heimlich tragen, mit denen sie einst am Jüngsten Tage vor den Richter gerufen werden.

Albin hört mit einem Male alle Glocken der Erde dröhnen, summen, hallen und schallen. Durch die Stubentür tritt ein Zug von Engeln. Ein goldenes, tannengroßes Kreuz trägt der Anführer der Engel. Agnes ist in die Küche geeilt. Mit hundert Näpfen zugleich kommt sie in die Stube und bewirtet mit Milch die überirdischen Gäste. Sie weckt Albin, steckt ihn in sein Pelzröckchen. Sie schlägt sich in ihr braunes, mächtiges Wolltuch und läuft mit ihrem Schützling, den Engeln den Pfad weisend, in die schon kerzenhelle Kirche. Es schallt die Orgel, aus den Posaunen rollt der himmlische Donner, wie eine goldene Taube fliegt das Halleluja zum Altar. Agnes gilt heute als Meisterin der Kirche. Ihr Riesenleib überschattet alle Bauern.

Da wacht Albin auf. Er liegt in seinem Bette in der Bubenkammer. Die Mutter hat ihn geweckt: „Aufstehen! Du verschläfst das heilige Hochamt noch! Ist heut der hohe Weihnachtsfeiertag!"

Das Morgenrot glänzt auf den gefrorenen Scheiben. „Er hat die Mitternachtsmette verschlafen!", juchzt der Loisl. „Er hat die Wette verloren!"

Das Waldchristkindl von Kopfing

Nachdem in der Christmette in Kopfing im Innkreis das Evangelium gelesen ist, geht das Licht aus. Alle recken die Köpfe, denn vier Ministranten, der Pfarrer und der Mesner kommen mit dem „Waldchristkindl" herein, einer gut 70 Zentimeter hohen Holzfigur, einem betenden Jesusknaben. Das jedem Kirchenchor geläufige „Transeamus usque Bethlehem" erklingt, während sich die Prozession nach vorn bewegt und die Figur auf seinen mit rotem Samt beschlagenen „Thron" über dem Tabernakel gesetzt wird. Schließlich stimmt ein Drei- oder Viergesang zur Gitarre die erste Strophe des „Stille-Nacht-"Liedes an, dann singt der Kirchenchor die zweite und schließlich die ganze Gottesdienstgemeinde die dritte Strophe. Nach und nach werden die Lichter entzündet.

Normalerweise fehlt der Christmette in liturgischer Hinsicht die spezifisch weihnachtliche Anschaulichkeit, sieht man einmal vom üblichen Lichterbaum und der Weihnachtskrippe ab. Es gibt keine vorgeschriebenen Rituale, wie sie beispielsweise den Karfreitag oder die Osternacht so deutlich herausheben aus der sonst standardisierten Form der heiligen Messe. Da steuert man also

in Kopfing mit dem Einzug des Waldchristkindls entgegen.

Warum heißt es eigentlich Waldchristkindl? Lydia Grossl aus dem Liturgie-Ausschuss der Pfarre hat sich folgende Erklärung zurechtgelegt: „Der

ganze Altarraum war früher mit riesigen Christbäumen bestückt, das hat dann ausgesehen, als ob man in einen Wald hineingeht." Unterdessen haben bauliche Veränderungen den weihnachtlichen „Wald" deutlich schrumpfen lassen. „Aber unser Dorf ist umgeben von Wald, er spielt eben eine große Rolle für Kopfing", sagt Lydia Grossl. „Unser alter Dechant Monsignore Alois Heinzl, der 50 Jahre hier Pfarrer war, hat solche Bräuche am Leben erhalten." Und so können seine Nachfolger auch nicht

drum herum: Das „Waldchristkindl" ist jedenfalls eine Christmetten-Besonderheit im Lande.

In den nachmittägigen Kindermetten, die unterdessen in den meisten Pfarren üblich sind, baut man mittlerweile öfter auf solche Zeichen: Da werden Wachspüppchen in die leere Krippe gelegt, was den Kindern hilft, das Geschehen besser zu verstehen.

❋ KRIE-

Und wo lebt das Christkind?

Ein Friedenslicht aus Bethlehem via Oberösterreich

Für den Initiator, den ORF-Journalisten und damaligen Landesintendanten in Linz, Helmut Obermayr, knüpfen sich unvergessliche Erinnerungen an den Friedenslicht-Brauch. Unmittelbar nach der Wende im Jahr 1989 überschritt das Friedenslicht nämlich Grenzen, die wenige Monate vorher als unüberwindlich galten. 10.000 Menschen hatten sich zu Weihnachten 1989 auf dem Hauptplatz von Budweis versammelt, um das Friedens-

licht als Sinnbild der neuen Nachbarschaft und Verbundenheit willkommen zu heißen. Es brannte an der geöffneten Berliner Mauer und auch an Orten in Thüringen.

„Noch zwei Monate zuvor wäre jeder als Träumer verlacht worden, der von einem solchen Ereignis gesprochen hätte", schrieb Helmut Obermayr in einem ein Jahr später veröffentlichten „Friedenslicht"-Buch, zu dem Václav Havel, damals frisch gebackener Präsident der (noch) Tschechoslowakei, das Vorwort schrieb.

1989. Das war das vierte Mal, dass das Friedenslicht entzündet wurde. Dass ein Rundfunkstudio etwas in Gang setzt, was man nach etwas über einem Vierteljahrhundert taxfrei als einen Weihnachtsbrauch – noch dazu als einen international erfolgreich durchgesetzten – einstufen kann: Das hat sich damals vielleicht noch nicht wirklich abgezeichnet. Was viele Menschen und natürlich auch die Initiatoren im Linzer ORF-Studio wohl damals schon gespürt haben: Mit dem Friedenslicht hat man ein Symbol gerade zur rechten Zeit, gerade auch am rechten Ort (so nahe am Eisernen Vorhang) gesetzt. Das Friedenslicht brannte in besagtem europäischen Schicksalsjahr nicht nur auf dem Hauptplatz in Budweis. Es ging damals schon nach Polen und in die gerade noch existierende DDR. „Ungarische Pfadfinder verteilten das Friedenslicht in Rumänien", erinnert sich der Wiener Pfadfinderleiter Bertl Grünwald: „Das Licht aus Bethlehem brannte auch im umkämpften Temesvar!" Bertl Grünwald hatte sich in eben jenem Jahr 1989 von der Idee gleichsam infizieren lassen. Er organisiert seither die Verteilung des Friedenslichtes an ausländische Pfadfinderdelegationen im Rahmen einer ökumenischen Lichterfeier (in einer christlichen Kirche in Wien).

Viele deutsche Pfadfinderorganisationen tragen die Idee mit und so finden auch dort vielerorts besondere Andachten und Gottesdienste statt. In der Schweiz hat die Verteilung des Friedenslichtes aus Betlehem eine besonders starke Tradition, getragen von einer Gruppe mit dem Namen „Friedenslicht Schweiz". Auch in Norditalien betreuen

Ein Friedenslicht in der Stube:
Familie Hartl aus Kirchheim

Jugendgruppen vom Trentino aus das Friedenslicht zusätzlich zu den Pfadfindern.

Hätte sich jene „nette Hörerin" – wie Obermayr schreibt –, die den Landesintendanten im Frühling 1986 in seinem Büro besuchte, auch nur in ihren kühnsten Träumen ausgemalt, was aus ihrer Anregung werden könnte? Sie meinte damals: Für die Aktion „Licht ins Dunkel" kämen so viele Menschen ins oberösterreichische ORF-Landesstudio. Wie

wäre es, wenn man ihnen ein Kerzenlicht mitgäbe auf den Heimweg? „So viele Menschen, meinte die Dame, besuchen am Heiligen Abend Friedhöfe, um dort ein Licht zu entzünden", erinnert sich Obermayr. „Es wäre doch schön, wenn man im Funkhaus ein Licht aufstellte, an dem jeder eine Kerze entzünden könnte, die er dann zu sich nach Hause nehmen könnte."

Irgendwie hat sich das im Kopf des Landesintendanten festgesetzt. Gedanken zu einem „Friedensbild", das die Malerin und Glas-Künstlerin Lydia Roppolt in einer Live-Sendung am 24. Dezember im ORF-Studio malen sollte, und die Licht-Idee der Hörerin sind dann irgendwie zusammengeflossen, und so hat man es einfach umgesetzt: Markus Födinger, eines der behinderten Kinder, die von der

Lebenshilfe in Vöcklabruck betreut wurden, wurde ausersehen, der erste Friedenslicht-Bote zu sein. Es war ja seither immer so (es sei denn, die politische Situation sprach dagegen), dass ein Kind aus Oberösterreich das Friedenslicht in der Geburtsgrotte Jesu in Bethlehem entzündet und es – in einer explosionssicheren Lampe – per Flugzeug nach Österreich bringt. Wenige Tage vor Weihnachten holen Vertreter der Pfadfinder, der Feuerwehrjugend, des Roten Kreuzes, des Samariterbundes, der ÖBB das Licht ab. Am 24. Dezember können sich die Menschen in Österreich dieses Weihnachtssymbol in allen ORF-Landesstudios, an Bahnhöfen, Rotkreuzdienststellen, in den meisten Kirchen, bei Organisationen und Vereinen mitnehmen.

„Ähnlich wird das Friedenslicht auch in anderen Ländern verteilt. „Züge mit dem Licht fahren über den ganzen Kontinent", betont man beim ORF.

Wieder aus der Erinnerung Helmut Obermayrs: „Der erste Tag mit dem Friedenslicht war für uns alle ein besonderes Erlebnis. Niemand hatte dieses gigantische Echo erwartet. Schon in den Jahren zuvor hatte am 24. Dezember tagsüber bei unserem Standlmarkt im Landesstudio dichtes Gedränge geherrscht. Was sich an diesem Tag aber abspielte, damit hatte niemand gerechnet. In Schlangen standen die Menschen vom Funkhaus bis auf die Straße an, um das Licht zu entzünden. Kinder mit kleinen, selbst gebastelten Laternen, Männer und Frauen mit Holzlaternen, mit Windlichtern waren zu Tausenden gekommen."

„Das Friedenslicht aus Bethlehem war schon in diesem ersten Jahr ein Sinnbild der weihnachtlichen Friedensbotschaft geworden", bilanziert Obermayr.

Bertl Grünwald ist so etwas wie das lebende Gedächtnis der Friedenslicht-Aktion, eben weil er mit den Pfadfindern bei jeder Neuerung vorne dabei war. 1990 organisierten Pfadfinder aus Bratislava eine landesweite Lichtverteilung mit Hilfe eines festlich geschmückten Dienstwagens der Bahn und erreichten bereits 72 Städte und Ortschaften. Ungarn hatte man da schon flächendeckend im Griff. 1992 erreichte man erstmals Kiew und Odessa, 1993 Moskau – und war auch bald in Wladiwostok! Bis Ende der neunziger Jahre hatte man auch Westeuropa ziemlich deckend erleuchtet.

Bis in die USA und nach Kanada ist das ORF-Friedenslicht schon gekommen. Helmut Kohl, Michail Gorbatschow, Václav Havel, König Hussein von Jordanien, Romano Prodi, Jean-Claude Juncker, die Präsidenten des Europäischen Parlamentes, die österreichischen Bundespräsidenten, die Kardinäle Franz König und Christoph Schönborn: Sie und viele andere haben das Friedenslicht schon überreicht bekommen und ihrerseits weitergereicht. Es ist vermutlich nur eine Frage von Monaten, bis auch Papst Franziskus ein Friedenslicht aus Oberösterreich – pardon: ein Friedenslicht aus Bethlehem via Oberösterreich – in Händen halten wird. So wie seine Vorgänger Johannes Paul II. und Benedikt XVI.

✖ KRIE-

MARIE-THERES SCHEIDLEDER

Das erste Friedenslicht

Im Dezember 1986 wohnten mein Sohn Oliver, der damals acht Jahre alt war, und ich in der Nähe von Windischgarsten. Das große alte Wohnhaus lag recht abgelegen am Waldrand. Vom Ort musste man ungefähr 50 Minuten zu Fuß gehen, um unser Haus zu erreichen. Wir wohnten hier allein, nur Rehe und Vögel waren unsere Gesellschaft. In der Nähe befand sich ein Erholungsheim, wo ich als Köchin arbeitete. Im Dezember gab es kaum etwas zu tun, daher hatte ich Urlaub, viel Zeit zum Lesen und Langlaufen. Unbeschwerte, schöne Tage in der Natur. Am Nachmittag, wenn es dunkel wurde, machten mein Sohn und ich es uns gemütlich bei Kerzenschein und Bratapfel. Wir haben viel gesungen und gebastelt. Bei uns gab es keine Straßenbeleuchtung, draußen war es oft stockdunkel und wir haben uns manchmal doch einsam und verlassen gefühlt. Es war jedes Mal eine große Freude, wenn bei klarer Nacht der Mond am Himmel stand.

Am Vormittag des Heiligen Abends waren mein Sohn und ich im Ort einkaufen. Mit Rucksack und Langlaufskiern waren wir unterwegs. Es hatte eine so bittere Kälte, dass Milch und Fleisch gefroren waren, als wir zu Hause ankamen. Lieber hätten wir uns hinter dem Ofen verkrochen, als nochmals fortzugehen. Aber um 16 Uhr war Kindermette und mein Sohn war beim Krippenspiel dabei. Ein eisiger Schneesturm wehte. Oliver saß eingehüllt in eine Decke auf dem Schlitten. Ich selbst hatte das Gefühl, nichts am Körper zu tragen, so sehr ging der Wind durch Mark und Knochen. Den Weg konnte ich nur erahnen, weil meine Brille total vereist war.

Da wir im Radio vom Friedenslicht gehört hatten, hatten wir ein großes Einsiedeglas mit Kerze dabei. Laterne gab es damals keine zu kaufen. Es war der erste Versuch, Licht aus Bethlehem zu holen und es weiterzugeben, als Symbol der Verbundenheit und des weihnachtlichen Friedens.

130

Niemand konnte 1986 ahnen, dass es in aller Welt so freudig angenommen werden sollte. Es war eine wunderbare Idee, diesen neuen sinnvollen Brauch einzuführen.

Nach der Mette hatte der Sturm noch mehr zugenommen, und gleich hinter der ersten Häuserecke war das Licht verloschen. Also wieder zurück in die Kirche. Zweimal noch mussten wir umkehren, um die Kerze neu zu entzünden, dann wusste Oliver, wie er das Glas richtig halten musste, damit die Kerze brennen blieb.

Der Weg führte uns am Altenheim vorbei. Da meinte Oliver: „Soll'n ma net fragen, ob die auch das Friedenslicht wollen?" Ja, Olivers Idee war bestens, denn die Menschen dort waren freudig überrascht.

Beim Hinausgehen sagte Oliver: „Spürst du des auch? Gell, so soll's sein, gerade zu Weihnachten." Ja, es war ein ganz seltenes Glücksgefühl in uns. Es ist wunderbar, mit so einer kleinen Geste so viel Freude zu bereiten.

Nun weiter und nichts wie nach Hause! Mir war so kalt und ich kam mit dem Schlitten nur langsam vorwärts, da der Gegenwind sehr stark war. Oliver hütete sorgsam das Licht. Aber als wir in unsere Allee einbiegen wollten, kam von drei Seiten der Sturm und das Licht ging aus, nur fünf Minuten vor unserer Wohnung. Oliver war untröstlich. Am liebsten hätte er es nochmals geholt. Es dauerte eine Weile, bis er sich beruhigen ließ.

Nach zweistündigem Heimweg – der Sturm hatte mir sehr zugesetzt, schnell zu gehen war einfach unmöglich gewesen – feierten wir den Heiligen Abend. Wir waren beide sehr glücklich und zufrieden, denn wir hatten Freude bereitet.

BRIGITTE KIRCHGATTERER

Manchmal lebt das Christkind in Hellmon(d)södt

Es war die neunmalkluge Bemerkung eines Siebenjährigen gewesen, die den vorweihnachtlichen Haussegen von Freundin Sabine und ihrer Familie gehörig ins Wanken brachte. Dieser kleine Wichtigtuer hatte in der Schule ihrem Sohn Michael erzählt, dass das Christkind gar nicht existiert, und somit das Geheimnis um Weihnachten beinahe entzaubert. Die Folgen waren fatal: keine entzückenden, bunt verzierten Wunschzettel, die mit ein paar Weihnachtskeksen auf das Fensterbrett gelegt wurden. Der süße Mitternachtssnack für Papa fiel damit aus. Vorwurfsvolle und bohrende Blicke, wenn Mama danach fragte, ob Michael und sein Bruder Peter schon aufgeregt wären. Verhörartige Gespräche darüber, wie es das Christkind denn schaffen würde, Millionen von Kindern gleichzeitig zu beschenken. Und auch die Frage nach den Weihnachtswünschen gestaltete sich ohne den Wunschzettel äußerst schwierig. Dieses aufgeregte, freudige Prickeln in den Tagen vor Weihnachten war in diesem Jahr irgendwie schal. Und eigentlich werden Eltern durch die leuchtenden Kinderaugen und die Vorfreude ja regelrecht angesteckt und die eigenen Kindheitserinnerungen werden wieder lebendig.

Der Hilfeschrei erreichte mich am Weihnachtstag. Der traditionelle Tratsch mit der Freundin am Nachmittag verwandelte sich plötzlich in Schwerstarbeit. Es war der Wunsch von Sabine, noch einmal so richtig mit den Kindern in die magische Welt des Christkindes einzutauchen, ein Flügelhuschen am Fenster zu erahnen, ein Glöckchen klingeln zu hören und Augen glänzen zu sehen.

Nur eine Stunde blieb Zeit. Die Buben waren mit dem Vater in die Kindermette gegangen. „Mama will mit ihrer Freundin Punsch trinken", lautete die offizielle Version für unser Zuhausebleiben. Tatsächlich aber musste der wieder viel zu große Baum aus dem Keller geschleppt und der Weihnachtsschmuck gesucht werden. Und wie verhext, auch der Christbaumständer wechselt jedes Jahr seinen Aufbewahrungsplatz. So schnell wie damals war jedenfalls noch nie eine Mühlviertler Fichte in einen strahlenden Weihnachtsbaum verwandelt worden.

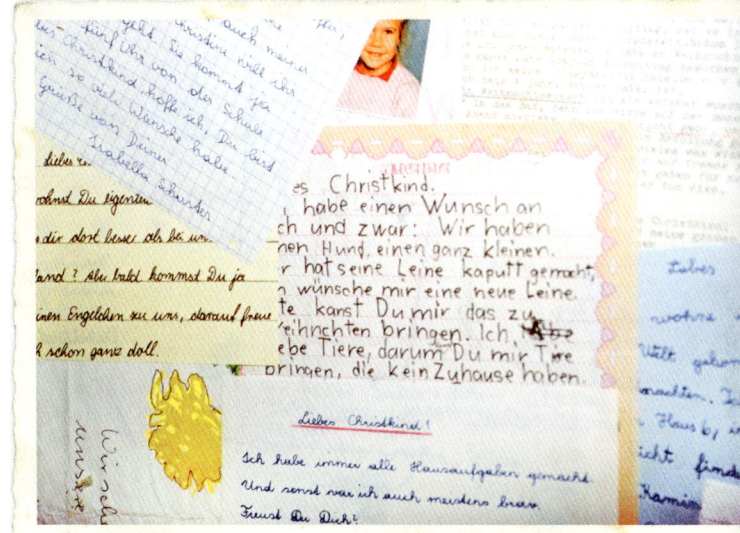

Baumschmück-Weltrekord. Darüber sind wir uns heute noch einig. Natürlich mit Engelshaar, weil vielleicht das wenigstens ein stichhaltiger Beweis wäre, dass das Christkind doch da war. Für mich als Aushilfschristkind gab es letzte, strenge Anweisungen. Mama Sabine holte ihre kleine Familie von der Kirche ab. Das Hilfs-Christkind wartete derweil mit dem Glöckchen in der schwitzenden Hand zu Hause. Ich glaube, damals war ein Moment, in dem ich mir überlegt habe, wie es wäre, aus Nervosität mit dem Rauchen anzufangen. Und kann Weihrauch eigentlich den Zigarettenqualm überdecken?

„Nur schnell verstecken, nichts falsch machen, nicht sehen lassen und hoffentlich passt mein Versteck, damit ich nicht entdeckt werde", geisterten hektische Gedanken durch meinen Kopf. Herzklopfen wie vor einer Schularbeit, als sich der Schlüssel im Türschloss drehte. „Brigitte hat schon nach Hause müssen", hörte ich noch eine Stimme im Flur sagen. Dann mein großer Auftritt. Glöckchen läuten, Weihnachts-CD mit der Fernbedienung ein-

schalten, mit dem Fensterladen klappern. Und sich dann unsichtbar in Nichts auflösen.

Nicht so leicht, wenn zwei nun doch aufgeregte Volksschüler in die Wohnung stürmen, um noch einen Blick auf das Christkind zu erhaschen. Ohne Winterjacke und in Socken stand ich versteckt in einer Ecke auf dem Balkon. Da bekommt das Lied „Leise rieselt der Schnee" eine ganz neue Bedeutung. Rund um mich hell erleuchtete Wohnungen, Lachen, Weihnachtslieder. „Stille Nacht", erklang es schließlich dann auch aus dem Zimmer hinter mir. „Ihr Kinderlein kommet", „Oh Tannenbaum", die Weihnachtsgeschichte – mein Gott ist die lang,

wenn man frierend in der Dezembernacht steht. Ein Glühwein wäre gut gegen die Kälte gewesen.

Leise schlich ich schließlich an der kleinen Weihnachtsidylle meiner Freundin vorbei: leuchtende Augen wie die Sternspritzer am Baum, rote Bäckchen und kleine Stimmen, die sich vor Aufregung beim Reden überschlagen. Wunderschön. Das beste Weihnachtsgeschenk, das ich für Sabine je hatte. Ich bin mir bis heute nicht sicher, ob Michael mich damals nicht doch aus den Augenwinkeln gesehen hat. Doch die große Sehnsucht nach der Magie von Weihnachten und dem Familienfest

hat wohl alles in ein anderes Licht gerückt. Ob das Christkind rote oder blonde Locken hat, war nicht mehr wichtig.

Zufrieden setzte ich mich ins Auto und fuhr in meinen Heimatort – Hellmonsödt. Es gibt drei Versionen zu der Entstehung des Ortsnamens. Die schönste ist jene, in der angeblich König Wenzel als Gefangener aus seinem Verlies auf der Burg Wildberg nahe dem heutigen Ort hinausblickt und pathetisch ausruft: „Hell scheint der Mond auf die dunkle Ödt!" Manchmal wohnen Christkindl eben nicht hinter dem Mond, sondern in Hellmon(d)södt.

Christkind

Wohin ist das Goldene Rössl geflogen?

Nun wollen wir nicht über den Weihnachtsmann sinnieren: Er ist weihnachtliche Importware aus protestantischen Gegenden, der vor allem im angelsächsischen Raum Karriere machte und dem die Martketingstrategen von Coca-Cola das unterdessen weitgehend verbindliche Outfit gegeben haben. Aber mit dem fliegenden Schlitten, gezogen vom Rentier Rudi, könnte das oberösterreichische „Goldene Rössl" (auch: „Heißl") vermutlich jederzeit konkurrieren. Seit 1400 ist es als Gabenbringer im Innviertel und im Sauwald bekannt. Ihm wurde zu Weihnachten Stroh vors Scheunentor gelegt, dann flog es mit seinem Schlitten über die Dächer. Ob sich dies in den frühen Morgenstunden des 24. Dezember zuzutragen pflegte, zu Mittag oder erst gegen Mitternacht zu, darüber gibt es keine Einigkeit in den Überlieferungen. Jedenfalls regnete es für die Kinder Nüsse, Äpfel und Süßigkeiten. Eine Voraussetzung war Nüchternheit, denn der Advent ist generell Fastenzeit und der 24. Dezember ist ein ganz spezieller Fasttag.

Es gibt bekanntlich einen nicht zu unterschätzenden Verdrängungswettbewerb unter den Bräuchen, und das oberösterreichische „Goldene Rössl" hatte eher schlechte Karten: Es ist spätestens in den dreißiger Jahren vom Christkind als Geschenkebringer abgelöst worden und geistert seither eher als theoretische Größe durch die volkskundliche Literatur, deren Autoren sich mit eher vagen Andeutungen aus der Affäre ziehen. Wann und wo mag

also das „Goldene Rössl" wirklich zuletzt im Lande gesichtet worden sein?

Der Erklärungsversuch, das Goldene Rössl stehe für alte Vorstellungen von Helios auf seinem Sonnenwagen (die Tage werden ja wieder länger), darf man getrost pseudo-wissenschaftlichen Legenden zurechnen. Die Linzer Volkskundlerin Andrea Euler-Rolle vermutet hinter dem „Goldenen Rössl" eher eine Gestalt aus den reichhaltigen Raunachtsumzügen, also eine Art fliegende Percht.

Mit den Weihnachtsgeschenken ist es ohnedies so eine Sache: Der „klassische" Geschenkebringer für Kinder ist wohl der heilige Nikolaus. Und nimmt man die Bibel her, dann wäre Epiphanie (6. Jänner),

„Erscheinung des Herrn", ein sinnvoller Zeitpunkt: Da packten die Heiligen Drei Könige ihre Geschenke fürs Jesuskind aus. In orthodoxen Ländern ist dies der eigentliche Weihnachtstermin. Christkind, Weihnachtsmann – das sind Geschenkebringer aus protestantischem Volksgut. Die evangelische Kirche konnte mit den Heiligen nichts anfangen. Weihnachten als Geschenkefest ist jedenfalls ein Brauch, der sich zuerst im Bürgertum breitgemacht und erst nach und nach im Land verbreitet hat.

❊ KRIE-

SABINE WALLNER

Lebt das Christkind hinterm Mond?

ODER
EIN VORSOMMERLICHER WEIHNACHTS-CHAT

LE: Was macht die Prinzessin? Und was machst du? Flughafen-Ciao war ja leider sehr plötzlich. Jaja, sag nichts, weiß, dass wir wieder auf dem letzten Drücker waren. Bin gut angekommen. Regnet leicht.

LS: *Super, dass du zuerst nach dem Julchen fragst und dann nach mir, aber gut … sie frisst, schnurrt, schläft, putzt sich, trinkt, frisst und ist froh, dass kein Mann im Haus ist. Was ich mache? Ich brüte.*

LE: Du brütest. Ganz was Neues. Hab bisher nichts Gluckenhaftes an dir entdeckt.

LS: *Ich verorte das Christkind!*

LE: Du tust was?

LS: *Ich muss klären, ob das Christkind hinterm Mond lebt.*

LE: Sonstnochwo! Sonstnochwo?

LS: *Große Frage. Lebt das Christkind hinterm Mond? Für Buch. Ganz früher, in meiner Urzeit, war ich mir sicher, es ist einfach da. Wohnt unter den Spinnweben im Dachboden und fliegt am Fenster vorbei, und wenn ich durchs Schlüsselloch ins Geschenkversteck-Zimmer linse, macht es mich mit einem Lichtstrahl kurz blind, dass ich nicht sehen kann, ob's die heiß ersehnten Schi sind, die da auf den 24. Dezember warten. Heute denk ich mehr in großen Dimensionen und frag mich, weil ich dir das mit dem Tahiti-Perlenring ja selber geflüstert hab, wo wohnt das Christkind? In der Kreditkarte, die es vor Weihnachtsliebe fast zerreißt?*

LE: Pfui, profanes Wesen, profanes! Christkinder wohnen im Waisenhaus und rühren dein Herz.

LS: *Sind Kinderdorf, Blindenmission und Licht ins Dunkel das Christkind?*

LE: Vielleicht? Wer weiß denn schon, ob das Christkind dir Geschenke bringt oder du ihm welche machst?

LS: *Entdecke gerade ungeahnt romantische*
Anwandlungen an dir!
Das gefällt Julchen.
Sie schnurrt.
Ich hingegen weiß, dass es dir schlicht egal
ist, wo das Christkind wohnt und was es tut,
Hauptsache, ICH schenke dir gelegentlich
auch etwas …

LE: Bin ich sooo materialistisch?

LS: *In der Norm!*
Aber echt. Mond kommt für mich als
Christkind-Appartement nicht infrage und
hinterm schon gar nicht.
Viel zu kalt, zu unfassbar, zu weit weg.
Ein Kind mit übernatürlichen, globalen
Fähigkeiten, millionenfach vervielfältigt für
Millionen oder sind's Milliarden Kinder, die
sich von ihm umsorgt und verstanden fühlen
und mit dem sie ein Geheimnis teilen – wo
wohnt so ein Persönchen?

LE: Im Hirn eines Cyber-Experten?

LS: *Doch keine romantischen Anwandlungen.*
Ein großer Christkind-Pfadfinder bist du mir
nicht!

LE: Ich hab ein Navi und eine GPS-App auf'm
iPhone, was muss ich pfadfindern?

LS: *Wegen der kurzen Hosen?*

LE: Im Winter?

LS: *In Australien oder Neuseeland ist zu*
Weihnachten Sommer.

LE: Google Earth absuchen?

LS: *Google Heaven wäre hilfreicher.*
Wo hat in deiner Urzeit dein Christkind
gewohnt?

LE: Kennst ja die Elternwohnung.
Glas, Stahl und Kunststoff, Steinböden,
glatte Flächen, da hatte nicht einmal der
Staub eine Chance, sich zu verstecken.
Mein Christkind wohnte unter der
aufgeplusterten Amsel im Nachbarbaum.

LS: *Christkind im Nest.*
Schlaues Kerlchen.
Sehr schlaues.
Hast die Amsel auch gut gefüttert, damit
Christkind nicht friert?

LE: Hab sogar den Kater verscheucht, wenn er
unterm Baum sein Revier markiert hat.

LS: *Kater gegen Kater!*

LE: Mit vier Beinen messe ich mich nicht!

LS: *Oh, unser Dachboden ist längst ausgebaut.*
Da kann das Christkind nicht mehr wohnen.
Gibt es deinen Baum noch?

LE: Ja. Immer noch mit Amselnest.

LS: *Die gefühlt achte Generation der*
Christkind-Wärmerinnen.

LE: Willst ihn für dein Christkind haben?

LS: *Das rührt mich jetzt.*
Ja. Mein Christkind in deinem
Nachbarsbaum im Amselnest.
Der Amsel dein und mein Christkind.
Dir die Kreditkarte.
Mir vielleicht heuer der Rubinring?

LE: Ratte!

LS: *Ich dich auch!*
Und echt: Das mit dem beschützten Nest –
gute Wohnung für ein Christkind.
Wärmt mich.
Somit klar: Es wohnt nicht hinterm Mond.
Wünsch dir eine sanfte Nacht!

LE: Bis mindestens Weihnachten!

LS: *Danach müssen wir klären,*
wo der Osterhase wohnt!

LE: Musst du immer das letzte Wort haben?

LS: *…!*

Krambamperlbrennen

Warum kommen die Teilnehmer an Stammtischrunden im Salzkammergut am Vormittag des Stephanitags so gut wie nie mit dem eigenen Auto zum Treffen? Es hat einen guten Grund: Unter 0,5 Promille Alkohol im Blut wäre gegen Mittag kaum mehr realistisch.

Am Stephanitag ist nämlich das „Krambamperlbrennen" angesagt. Ein Wirtshausbrauch, der besondere Geselligkeit garantiert. Die Wirte sind an diesem Vormittag spendabel und stellen Schnaps in ausreichender Menge auf den Tisch, „ein kleines Dankeschön an die Stammgäste", wie es Manfred Leimer vom Moserwirt in Bad Goisern ausdrückt. Beim Moserwirt wird der hochprozentige Obstler in einem Bierkrug auf den Tisch gestellt und entzündet (das setzt einen Alkoholgehalt von mindestens 50 Prozent voraus). Auf einer Gabel halten dann die Gäste reihum zwei bis drei Zuckerstücke in die Flamme, der Zucker schmilzt und tropft in den Schnaps. „40 Stück Zucker können da schon auf einen halben Liter kommen", sagt Manfred Leimer. Zuletzt wird die Flamme ausgeblasen, die bräunlich gewordene Flüssigkeit umgerührt – „und dann wird getrunken bis zum Verlust der Muttersprache". Der Alkohol „geht besser rein, weil er warm ist". „Im inneren Salzkammergut – in Bad Goisern, Gosau, Hallstatt und Obertraun – ist das Krambamperlbrennen überall der Brauch", weiß Leimer. Aber auch weiter nördlich, in Ebensee und Bad Ischl, kennt man die Gepflogenheit: „Sie ist seltener worden, aber sie kommt wieder", weiß zum Beispiel der Hecka-Wirt in Ebensee. Das bestätigt sein Kollege vom Hotel Post in Ebensee, wo sich jedes Jahr am Stephanitag 50 bis 60 Personen zum Krambamperlbrennen einfinden. „Ungefähr 20 vom Stammtisch, zehn Vogelfänger – und natürlich auch Gäste des Hauses." Schnaps spendiert er „bis zu einem gewissen Maß", denn die Gäste „sollen schon nebenher auch etwas konsumieren".

Gesungen wird auch, „aber eher von den älteren Leuten, die die Gstanzln noch kennen". Und in Ebensee pascht man natürlich zwischen den Gstanzln.

Wo kommt das Wort „Krambamperl" her? In Österreich und Bayern ist der Wacholder als „Kranewitten" bekannt, das Wort ist eine Verballhornung. „Krambambuli" heißt auch der Danziger Wacholderbranntwein. Fürs Krambamperlbrennen nimmt man allerdings heimischen Obstler. ✻ KRIE-

Auf Kripperlroas

KARL MAYER

Krippenland Oberösterreich

Der biblische Bericht über das Geschehen der Weihnacht hat schon immer die Menschen in besonderem Maße angesprochen. Lukas erzählt von der Geburt Jesu, der Verkündigung und Anbetung der Hirten (2, 11–14), Matthäus berichtet von den Sterndeutern aus dem Morgenland und ihrer Huldigung des Kindes, von der Flucht nach Ägypten und dem Kindermord von Bethlehem (2,1–12).

Wie sehr die biblische Botschaft die Herzen der Menschen erfasst hat, zeigen die Darstellungen der Geburt Jesu auf den Tafelbildern bekannter spätgotischer Flügelaltäre in Oberösterreich. Als Beispiel nenne ich den Altar von Michael Pacher in St. Wolfgang (1481): Der Künstler verlegt die Geburt des Jesuskindes in einen von Gebälk getragenen Stall vor der bürgerlichen zinnenbewehrten Stadt, das Kind liegt auf dem Mantel, den Maria kniend vor sich ausgebreitet hat, der Esel neben dem Ochsen neigt seinen Kopf, offenbar um das Kind mit seinem Atem zu wärmen, auf dem Gebälk – durch das der Blick auf die Hirten auf der Weide fällt – sitzen (oder schweben) drei Engel...

Verweisen möchte ich auch auf die ältesten Darstellungen des weihnachtlichen Geschehens im deutschsprachigen Raum aus der Zeit der Romanik: Es sind dies die Fresken im ehemaligen Westchor der Stiftskirche in Lambach aus dem 11. Jahrhundert. Ein Ausblick auf Südtirol: Auf einem Fresko in der Burgkapelle in Hocheppan (um 1200) liegt Maria im Wochenbett, das Jesuskind neben ihr in einem geflochtenen Tragkorb, Ochs und Esel hauchen ihren Atem auf das Kind. Ein liebevolles Detail: Maria neigt sich mit hinweisendem Finger seitlich zur Amme, die gerade Knödel kocht und einen kostet, ob er nicht zu heiß ist ...

Die bildlichen Darstellungen haben eines gemeinsam: Sie sind mit Liebe gestaltet, mit viel Sinn für die alltäglichen Notwendigkeiten des Lebens. Die Darstellungen strahlen ehrfürchtige Verhaltenheit und gleichzeitig natürliche Lebendigkeit aus. Sie lassen das „Herzblut" des Künstlers spüren.

Ähnliches kann auch von den Geistlichen Spielen des Mittelalters gesagt werden. Das viel jüngere

142

Der Eggelsberger Altar aus 1481:
Geburt Christi

„Ischler Krippenspiel" (es stammt aus dem Jahr 1654) umfasst die Szenen: Weissagung des Propheten, Verkündigung, Herbergssuche, Hirten auf dem Feld, Stall von Bethlehem, Palast des Königs Herodes, Huldigung der Könige.

In den mittelalterlichen Fresken als „Biblia Pauperum" und den Geistlichen Spielen wurden die biblischen Geschichten für den einfachen Menschen erlebbar, begreifbar.

Die Barockkrippe

Die Krippe, wie wir sie kennen, wird erst in der Barockzeit fassbar. In Oberösterreich wurde im Jahr 1603 zum ersten Mal in der Linzer Minoritenkirche eine Weihnachtskrippe aufgestellt. Es war vor allem der Jesuitenorden, der sich der Darstellung der Geburt Jesu in Form einer Krippe annahm. Die Krippe wurde zum Mittel der Verkündigung, zur „demonstratio catholica": Verbunden mit weihnachtlichen Liedern und Andachten machte die volkstümliche Darstellung in der Weihnachtskrippe in den Klosterkirchen und bald auch in den Pfarrkirchen den Gläubigen das Wunder der Geburt Christi verständlich. Die Minoritenkirche in Linz wurde damals von den Jesuiten betreut. Auch in Traunkirchen und in Steyr wirkten die Jesuiten. Bei den Jesuiten in Prag wurde schon 1563 eine Krippe aufgestellt.

Von großer Bedeutung waren vorerst die Bildschnitzer. Im Benediktinerstift Garsten schnitzte 1637 Hans Spindler d.Ä. für die Stiftskirche Kremsmünster „ain ganz Newes Khrippel in die Khürchen".

Innig: Buchsbaumkrippe aus dem frühen 18. Jahrhundert

Um 1705 schuf der Garstner Laienbruder Marian Rittinger die ungefasste Krippe aus Buchsbaumholz („Buchsbaumkrippe"), eine Spitzenleistung barocker Kleinplastik. 1712 fertigte Hans Spindler d. J. für die ehemalige Garstner Stiftskrippe zehn bekleidete geschnitzte Figuren an. Sie stehen heute im Schlossmuseum in Linz.

Marian Rittinger versetzt die Anbetung der Hirten in eine strohgedeckte Hütte. Innig, verhalten wenden sich Maria und Josef dem Jesuskind zu, während sich von der anderen Seite drei Hirten, sichtlich bewegt, dem Neugeborenen nähern. Der ältere, der Hut und Stock abgelegt hat, verehrt knieend das Kind, ein jüngerer dahinter wendet den Blick,

um einem dritten Hirten, der gerade in die Hütte tritt, seine Freude mitzuteilen. Jede Figur ist ein Kunstwerk für sich, sowohl im Detail des Gesichtsausdrucks, der Hände und der Finger als auch in der Komposition, der harmonischen Einheit von Gestik und Bewegung.

Umfangreich war das Schaffen der Bildhauer aus der Schwanthaler-Familie. Der Dreikönigsaltar in der Pfarrkirche Gmunden mit der lebensgroßen Gruppe „Anbetung der Heiligen Drei Könige" aus dem früheren Altar stammt von Thomas Schwanthaler (1634–1707, Ried), vollendet 1678. Johann Georg Schwanthaler (1740–1810, Gmunden) schuf die Kirchenkrippe von Altmünster. Otfried Kastner hat diese Kirchenkrippe als „Mutter der Salzkammergutkrippen" bezeichnet. Prachtvoll ist das Krippenwerk in Pram von Johann Peter der Ältere Schwanthaler (1720–1795, Ried) mit fein gestalteten bis zu 25 cm großen Krippenfiguren in sechs biblischen Szenen.

Eindrucksvoll und eine wahre Augenweide waren die Barockkrippen mit prunkvoll gekleideten Figuren, ein Werk nicht nur der Schnitzer und Künstler, die Köpfe und Hände aus Wachs formten, sondern auch der Stickerinnen, Näherinnen, Puppenmacher, Perückenmacher und Goldschmiede. Der ganze Glanz entfaltete sich bei den „Weisenengeln", vor allem aber auch bei den Königen und ihrem Gefolge mit Pferd und Elefant.

Barockkrippen mit bekleideten Krippenfiguren sind besonders im Oberen Innviertel, das lange Zeit bayerisch war, vertreten. Die Kirchenkrippe von Pfaffstätt bei Mattighofen (Bildschnitzer Johann Georg Libigo) besitzt 15 Wechselszenen mit 144 Figuren. Handfest sind die Szenen „Jesus als Sämann" und „Der Teufel sät Unkraut zwischen den guten Samen". Restauriert wurden die Kirchenkrippe von Neukirchen an der Enknach und die Figuren der Reichersberger Stiftskrippe.

Frauen am Brunnen:
Detail aus der Pöttmesser
Krippe, Christkindl

Im Zusammenhang mit den bekleideten barocken Krippenfiguren ist auch die Graf Lambergsche Krippenfigurensammlung im Museum der Stadt Steyr zu nennen. Sie führt in eine rauschende Welt barocker Prachtentfaltung. Bezaubernd sind die Engel mit Wachsköpfen und fremdartiger Kopfbedeckung.

Im Innviertler Volkskundehaus der Stadt Ried im Innkreis steht die „Stille-Nacht-Krippe" aus der Kirche von Oberndorf, wo 1818 zum ersten Mal das Weihnachtslied „Stille Nacht" gesungen wurde. Die Figuren der Krippe sind aus Holz geschnitzt, farbig gefasst und textil bekleidet. Die Köpfe sind aus Wachs.

Ein „kleines Kabinettstückchen" ist die Kastenkrippe (um 1770) im Schlossmuseum Linz, eine Frühstufe der Kastenkrippe. 19 Wachsfiguren in reicher Bekleidung sind in einer felsartigen Umgebung gruppiert, in einer Berghöhle mit Seidenvorhang steht die Krippe mit Maria und Josef, davor die Könige mit (kleinem) Gefolge. Hirten, Engerl, Gabenbringer sind am Krippenberg verteilt.

Die Barockkrippe fand durch das Krippenverbot Kaiser Josef II. ein jähes Ende. 1787 wurden in der Diözese Linz die „theatralischen Vorstellungen" in der Kirche verboten, nachdem schon 1770 ein Hofdekret die „Krippel-, Heilige-Drei-Königs- und Lichtmess-Spiele" als unschicklichen Missbrauch verworfen hatte. Offensichtlich schien dem „aufgeklärten" Kaiser der barocke Überschwang den Blick auf das Wesentliche, die Geburt Jesu, verstellt zu haben.

Mit dem Krippenverbot verlagerte sich das Krippenschaffen von den Klöstern und Kirchen in die Häuser der Bürger und einfachen Menschen, die barocke Kunstkrippe wurde abgelöst von der bürgerlich-volkstümlichen Krippe. Die Faszination der

Weihnachtskrippe hatte schon längst die Herzen der Menschen erfasst, die nun ihre eigene Krippenwelt entdeckten. Im Salzkammergut entstand die Landschaftskrippe („Heimatkrippe"), getragen von den Pfannhausern und Schnegerern, Arbeitern in Salinen, vor allem in Ebensee und Bad Ischl. Im Krippenland an der Eisenstraße, im Enns- und Steyrtal, kamen die Kastenkrippen der Nagelschmiede und Messerer („Nagelschmiedkrippen") auf.

Die Salzkammergut-Landschaftskrippe

Das Salzkammergut ist das bekannteste Krippenland in Oberösterreich. Der Besucher wird eingeladen zu einer Kripperlroas in der Weihnachtszeit, vielleicht in Verbindung mit dem Glöcklerlauf in Ebensee und Bad Ischl am Vorabend des Dreikönigstages. Glöcklerlauf und Kripperlroas sind heute zu einer Touristenattraktion geworden.

Das Krippenschaffen ist eng verbunden mit dem Leben der Salinenarbeiter. Sie waren gewohnt, in einer eher abgeschiedenen Landschaft auf engem Raum zu leben, der Nachbar war Arbeitskamerad und Freund, man nannte ihn Bruder. Beliebt war der „Vogelfang", manche gingen gerne ins Gebirge, auch so mancher Wildschütz. Sie sangen gerne und so entstanden Hirtenlieder und Volkslieder zur Weihnacht. Das biblische Geschehen wurde in vielen Strophen in der natürlichen Umgangssprache nachempfunden („Gehts Buama stehts gschwind auf zan Hüatn und schauts ma des Wunderding o!").

Die Pfannhauser und Holzarbeiter verstanden sich aufs Schnitzen. Und so entstanden, um 1800 herum, kleine Dreieckskrippen, „Kripperl", die in der Weihnachtszeit im Herrgottswinkel der beengten Stube standen. Später wurden die Krippen immer größer. Es kommt die weitläufige Landschaftskrippe, das „Krippö", auf.

Die „Schnegerer" schnitzten die Figuren, die sie aus dem biblischen Bericht kannten, angeregt durch das Erlebnis kunstvoller Schwanthalerkrippen, voll eigener Phantasie und eigenem Ausdruck. Andere meinen, die Figuren seien den Hirtenliedern nachempfunden, die sie gerne zur Weihnachtszeit sangen.

Die Schnegerer waren keine Künstler, doch von großer Fertigkeit. Ihre Krippenmanderln wirken lebendig. Die biblische Welt wird zur eigenen Welt, Jesus wird in der heimischen Landschaft geboren. Die orientalische und die heimische Lebenswelt verschmelzen ineinander. Manche Figuren haben hohe künstlerische Qualität. Dazu gehört die Reisenbichlerkrippe in Ebensee mit Figuren von Johann Georg Wirth.

Die Salzkammergut-Landschaftskrippe mit oft mehreren 100 Figuren (die „Pendlerkrippe" in Ebensee umfasst über 1000 geschnitzte Figuren)

füllt oftmals ein ganzes Zimmer aus. Der Krippenbauer stellt den Krippenberg Jahr für Jahr neu auf, weiß gekalkte Wurzelberge und die Szenen und Figurengruppen haben einen eigenen Platz. Die Landschaft geht in den gemalten Hintergrund, die „Hald", über, das „Mias" (Moos) wird jährlich neu aufgebracht. Und dann kommen die vielen, vielen Figuren. Nur einige sollen genannt werden: Neben der heiligen Familie und den Engeln finden sich der Urbal mit der Leinwand, der Naz mit der Budahenn, der Wiagaltraga, der Lampötraga und der Lampöfanger, der Weintraubentraga und die Kundschafter, der Vada, lass mi a mitgehn, s'Miazal mit der Henn, der Äpfelbrocker, die zwei Nachbarn, der

Halder. Auch die Tiere gehören dazu: die Schafe und die Goaß, die Kühe, der „Huss Melag", die Kamele, Rösser und Elefanten im Zug der Könige.

Groß ist die Zahl der verschiedenen Szenen. Sie können biblisch sein (Wechselszenen) oder der eigenen Lebenswelt entsprechen. Der Phantasie sind keine Grenzen gesetzt. – Der Krippenstall, der Kindlstern, die Stadt und das „himmlische Gewammel" der Engel verleihen dem „Krippö" edle Großzügigkeit. Die „Hald" ist eingerahmt vom immergrünen „Ebam" mit Vogerln darauf.

Zur Weihnachszeit öffnen viele Krippenbesitzer ihre Privathäuser und laden zur Besichtigung ein. Ein Körberl hinter dem Krippenzaun wartet

auf einen kleinen Obolus. Eine Übersicht über die Hauskrippen, die zu besichtigen sind, wird in den jeweiligen Tourismusbüros angeboten.

Hingewiesen sei auf die großen Kirchenkrippen in Gmunden (Schwanthaler „Dreikönigsaltar"), Altmünster (Schwanthaler Altar) und Bad Ischl („Moroderkrippe", 1913).

Hervorzuheben sind auch die Krippensammlungen im Kammerhofmuseum Gmunden, im Heimathaus Ebensee und im Heimatmuseum Bad Ischl mit der „Kalßkrippe". Das Schlossmuseum in Linz beherbergt einige Viechtauer Eckkripperl mit modellierten Viechtauer Manderln, eine mechanische Kastenkrippe mit Figuren aus der Werkstätte des Johann Georg Schwanthaler (1773–1790) und zwei große Salzkammergut-Landschaftskrippen: die „Goldene Sams-Krippe" und die „Bruckschlöglkrippe".

Als Besonderheit sei noch auf bewegliche Krippen hingewiesen, beispielsweise auf die mechanische „Botenkrippe" des Johann Spießberger in Neukirchen bei Altmünster.

Krippenland an der Eisenstraße

In der ehemaligen Jesuitenkirche St. Michael in Steyr stand früher eine offene Kastenkrippe, eingebaut in einen repräsentativ geschwungenen rotgoldenen Barockrahmen. Von außen fiel durch ein Transparent auf der Rückseite mit dem Zeichen IHS Licht in den Krippenstall. Das IHS war das Zeichen der Jesuiten, das Herz darunter, durchbohrt von drei Nägeln, dem Zunftzeichen der Nagelschmiede.

Diese frühe Kastenkrippe ist um das Jahr 1800 in der Steyrer Vorstadt, dem Viertel der Handwerker, Nagelschmiede, Messerer und Handelsherren, entstanden und darf als frühes Beispiel für die bodenständige Kastenkrippe mit typischem Aufbau angesehen werden: Vom „himmlischen Jerusalem" führen steile Wege, vorbei an seitlichen Felsbänken mit Schloss und Ruine und der „Hald" mit ländlichen Häusern, zum Stall herunter. Hirten, Gabenbringer und die Könige ziehen zum Jesuskind.

Die alten Zünfte der Nagelschmiede in Steyr und Garsten standen in regem Kontakt zueinander und so verwundert es nicht, dass auch bald Garstner Nagelschmiede Kastenkrippen bauten: Wir kennen als Krippenbauer unter anderen Josef Garb und Alois Hebrank. Ihre „Nagelschmiedkrippen" zeigen, wie kreativ und feinsinnig die Eisen-Handwerker ihre Krippen gestalteten.

Die „Große Garbkrippe" (100 x 70 x 70 cm, im Besitz der Pfarre Garsten) ist reich ausgestattet. Sie zeigt ein weitläufiges himmlisches Jerusalem und eine kleinere Stadt Bethlehem, die „Hald" mit ländlichen Häusern, Schlossbauten auf seitlichen Felsbändern, einen Ruinenstall, davor geborstene Säulen mit kleinem Vogelkäfig. Das Hirtenfeld vor dem Stall kann gegen ein Dreikönigsfeld ausgetauscht werden. Über der Krippe schwebt ein vergoldetes Wolkenband mit musizierenden Engerln. Manchmal hat der Nagelschmied – wie hier – selbst die Figuren geschnitzt. In anderen „Nagelschmiedkrippen" finden sich die in Modeln gegossenen halbreliefförmigen „Loahmmandeln". (Das Museum der Stadt Steyr besitzt an die 400 Originalmodeln für die Figuren, die seit 1800 in Heimarbeit angefertigt wurden).

Viele alte Garstner Kastenkrippen in Privatbesitz zeigen bekannte Details: Hirtenschlaf; „Flucht nach Ägypten" (einmal neigt sich die Palme zum Jesuskind); der „Einsiedler in seiner Klaus'n tat bitt'n um a Jaus'n"; der Brunnen als Symbol des Lebens; eine Krippe zeigt sogar die Ortstafeln „Jerusalem" und „Betlehem". Der Krippenzaun trennt das heilige und das profane Geschehen.

Die Loahmmandelfiguren spiegeln die vielfältige Welt der einfachen Menschen wider: Neben Maria und Josef, Ochs und Esel (das Jesuskind ist meist aus Wachs), dem Verkündigungsengel, dem Gloriaengel und den Heiligen Drei Königen finden wir den Apfelbrocker, die Apfelfrau, die Krapfenbäurin, die Brunnenfrau am Ziehbrunnen, den Mehlsacktrager, den Mann mit dem Striezel, den Nachtwächter, den Kraxentrager, den Rauchfangkehrer, den Jäger, den Leinwandtrager, den schlafenden und den staunenden Hirten, Lamperltrager, Schalmeienbläser, Soldaten vor dem Stadttor, den Juchheißa und den Jubelkarl, der in seiner roten Jacke, mit schwarzer Hose und schwarzem Spitzhütl vor Freude die Arme in die Höhe reißt. Der „Jubelkarl" ist zur Leitfigur der Garstner Kastenkrippen geworden. Er trägt als Gabenbringer seine Freude zum Jesuskind.

In den Kastenkrippen mischt sich der gewohnte heimische Lebensraum mit der biblischen Geschichte: Einmal wird das Jesuskind in einem antiken Ruinenstall geboren, manchmal in einer Konglomerat-Felshöhle; neben den Palmen stehen Apfelbäume und Tannen. Schaf, Hirsch und Raurakel sind ebenso in der Krippe anzutreffen wie die Kamele im Gefolge der Könige. Der Krippenbauer findet sich selbst in der Krippe. Er ist Teil der von ihm geschaffenen biblischen Welt.

Die bodenständige volkstümliche Kastenkrippe breitete sich – ausgehend von Garsten und Steyr – in das Enns- und Steyrtal aus („Ennstaler Kastenkrippen"). Die Kastenkrippe mit den Loammandel-

Kleinod der oberösterreichischen Krippenkunst: Nagelschmiedkrippe aus Garsten, 1877

figuren blieb bis ins 20. Jahrhundert die bevorzugte Form der Krippe in der Region.

Nach 1900 verlieren sich die Loahmmandel, in die Krippe kamen immer häufiger die serienmäßig geschnitzten Figuren aus Grulich (Böhmen, Mähren) oder einfach Massefiguren. In den zwanziger Jahren löste die „Wurzelkrippe" die Kastenkrippe mit Felslandschaft und himmlischem Jerusalem ab.

In den siebziger Jahren begann eine Renaissance des Krippenbaus. „Krippenfreunde" belebten die alte Krippenkunst neu. So entstand 1987 die erste „große mechanische Garstner Kastenkrippe" (160 x 70 x 70 cm, Krippenbau Elfi und Karl Mayer, Technik Erwin Schmidleitner). 2000 folgte

die „große Landschaftskrippe" (240 x 170 cm) mit 25 beweglichen Szenen unter Verwendung von Resten einer alten böhmischen Krippe aus Reichenberg/Liberec. 1985 schuf Vev Aigner für den Garstner Advent die lebensgroßen „Bretterfiguren" nach dem Vorbild der alten Loahmmandelfiguren. In der „Krippenschule" werden in Kursen neue Krippen gebaut (Leiterin Simone Rossacher).

In Großraming im Ennstal gestaltet Rosina Gruber beachtenswerte neue Krippen, darunter Schneekrippen. Sie modelliert ihre Krippenfiguren selbst.

Christkindl, die Wallfahrt des ehemaligen Stiftes Garsten „Zum gnadenreichen Christkindl im Baum unterm Himmel", gehört heute zu Steyr, ist aber eine alte Garstner Ortschaft. In der Pfarrkirche ist zu Weihnachten auf dem Seitenaltar unter dem Bild „Christi Geburt und Anbetung der Hirten" von Johann Carl von Reslfeld eine Krippe mit beachtenswerten barocken Figuren aufgestellt. Im Museum sind während der Adventzeit zwei Raritäten zu besichtigen: die Mechanische Krippe von Karl Klauda (1900–1940) mit 200 geschnitzten beweglichen Figuren und die „Pöttmesser-Krippe" des Tirolers Ferdinand Pöttmesser (1895–1977) mit 778 geschnitzten und bekleideten Figuren, darunter viele Schafe, Ziegen, Pferde und Dromedare. Der neue Krippenberg im Ausmaß von 58 Quadratmetern wurde von Josef Seidl geschaffen.

Das Steyrer Kripperl

Ein Puppentheater wird das Steyrer Kripperl genannt, das in der Weihnachtszeit im Innerberger Stadel gespielt wird. Dabei ist das alte Stockpuppentheater mit den „laufaten" Spielgruppen nur lose mit dem Weihnachtsgeschehen verknüpft. Der besondere Reiz liegt in der Lebendigkeit des Spiels, in der spontaner Wortwitz Platz hat, inmitten einer kindlich aufgeweckten Handlung auf der Bühne der biedermeierlichen Stadt mit den Gewölben der Handwerker.

Im Mittelpunkt der Vorderbühne sehen wir die Heilige Familie im Stall zu Bethlehem. Der Engel weckt die Hirten auf, die Hirten ziehen zur Krippe. Dann ruft der Nachtwächter mit Laterne und Hellebarde die Mitternacht aus: „Alle meine Herren und Frauen lasst euch sagn, der Hammer der hat

Voll Heiterkeit und Wortwitz: Hauszeichen für das Steyrer Kripperl

zwölfi gschlagn." Der Liachtlanzünder hat seine liebe Not mit dem Lausbuben, der ihm immer wieder die Straßenlaterne ausbläst, bis schließlich seine eigene Pudelhaube brennt. Bergknappen fahren ins Bergwerk hinein. Der Berggeist erscheint.

Jetzt sind die Handwerker in den Gewölben dran: der Bäcker, der Müller, die Messer- und Nagelschmiede, der Schleifer, der Hammerschmied, der Binder, der Drechsler, der Schuster und der Schneider und schließlich die Pilotenschager, die „Schlögler", die ihre Schlögel krachend niedersausen lassen. Der Besucher wartet auf den Bäckernazl, der seinen Meister narrt und vergisst, dass er der Traubenwirtin das Brot bringen soll. Der Rauchfangkehrer tritt auf, sein Hund Kartuscherl beißt die keifende Tramperlwirtin ins Wadel.

Der Lichtlanzünder

»I bin da Liachtlanzünder!
I han schon weit und broat
Liachtl anzünden:
In Amsterdam, in Birmingham, in
Timelkam, in Schwammig, in Tinsting,
in Peking, in Weichstetten, Krenstetten,
Gramastetten, Amstetten, Seitenstetten und
anderen Städten, aber nirgends is's ma so
ganga wia in dera Stadt.
Kaum han i da a Laterndl anzundn, blast
ma's da Sakrawind wieder aus.
Dös muaß schon so a unterirdischer Wind
sein; das geht nöt mit rechten Dingen zua!«

Der „unterirdische Wind" ist aber ein
Spitzbub, der ihm bald die eine, bald die
andere Laterne ausbläst.

Nach wiederholtem Wiederanzünden
bemerkt der Liachtlanzünder den kleinen
Missetäter; es kommt zu einer lustigen
Verfolgung; endlich stellt er den Buben und
zündet ihm die „Pudelhaube" an.

Der Bub rennt heulend davon mit den
Worten: »Wart – i sags – meina Muatta –
meine Großmuatta – meina Ahnl –
meina Guckahnl – –«

Auf der Oberbühne zieht inzwischen schon der Fronleichnamszug mit den weißen Mädchen vorbei, die Bürgergarde erscheint, der Zug der Heiligen Drei Könige. Wir erleben das Goasslfahren, ein übermütiges Pferdeschlittenrennen, den Wildpratschützen und den Schiffszug auf der alten Enns. Der Krampus und der Nikolaus treten auf und die Steyrtalbahn schnackelt vorbei, zur Erinnerung an die einst letzte dampfbetriebene Schmalspurbahn in Österreich.

Am Schluss erscheint die Figur des Theaterdirektors, der sich beim Publikum bedankt. Die Besucher – Eltern, Kinder, Leute, die Spaß verstehen – werden wiederkommen in das kleine Theater im Innerberger Stadel mit den Holzbänken und dem roten Samtvorhang der Bühne und sich freuen, wenn die Spieler unter der Bühne die einzelnen Stockpuppen führen und die „Aufzüge durchziehen".

Das Steyrer Kripperl

KABARETT AUS DEM 19. JAHRHUNDERT

Eine kleine Sensation, was die Weiterführung von Brauchtum betrifft, stellt das Steyrer Kripperl dar, ist es doch eines der letzten noch bespielten Stabpuppen-Krippentheater im deutschen Sprachraum. Dabei kann Puppentheater als solches bereits in der Antike bezeugt werden, und im frühen Mittelalter ist es auch in Österreich belegt. Die Stoffe der Aufführungen entstammten der Bibel, heimischen Sagen, Volksbüchern (zum Beispiel Dr. Faust) und Legenden. Eine Blütezeit erlebten die Puppenspiele im 18. und 19. Jahrhundert, als sich unter anderem Johann Wolfgang von Goethe und Heinrich von Kleist mit dieser Darbietungspraxis auseinandersetzten. In Österreich lebten sie insbesondere zur Zeit des Altwiener Volkstheaters auf, dessen bekanntester Vertreter, Josef Anton Stranitzky, auch mit der berühmten Puppenspielerfamilie Hilverding in ständiger Verbindung stand und mit ihr in Wien auftrat.

In ihrer Masterarbeit am Germanistik-Institut der Karl-Franzens-Universität Graz über das Hänneschen-(Puppen-)Theater in Köln, das ebenfalls heute noch bespielt wird, befasst sich Isabella Schuster auch mit der historischen Entwicklung des Puppentheaters im deutschsprachigen Raum. Die Autorin führt darin an, dass das Spiel mit Figuren besonders ab dem 19. Jahrhundert durch die starken sozialen Veränderungen neu auflebte. Mit einer Verbürgerlichung der Gesellschaft nach der Französischen Revolution änderten sich Werte und Normen grundlegend, die gottgewollte Ordnung musste dem Fortschrittsglauben weichen und die wirtschaftlichen Grundlagen einer Existenz als Prinzipal einer „Schauspielertruppe aus Fleisch und Blut" konnten rasch abhanden kommen. Da war der Schritt zum Marionettentheaterprinzipal schnell vollzogen, wenn dieser seine Truppe aufgrund wirtschaftlicher Probleme nicht mehr bezahlen konnte.

Eine Stadt als Kulisse: Das Steyrer Puppenspiel

Dass hinter der Lustigen Figur, die die Menschen im Puppentheater zum Lachen brachte, meist Menschen standen, deren Leben oftmals von großer Armut geprägt war, hebt Schuster in diesem Zusammenhang besonders hervor.

Im Unterschied zu früheren Puppenspiel-Truppen, die an vielen verschiedenen Orten auftraten, begannen die neuen Träger des Puppenspiels in ihren Heimatstädten ortsansässige Theater einzurichten beziehungsweise zogen meist nur im Umkreis ihrer Heimatstädte umher. Doch stammten deren Betreiber vor allem aus dem Handwerksbereich und waren meist Lein- oder Wollweber, Strumpfwirker, aber auch vereinzelt als Bergmänner tätig, die sich vor allem durch soziale Zwänge dazu veranlasst sahen, sich mit dem Puppenspiel ihren Lebensunterhalt zu verdienen. Im als Familienbetrieb geführten Unternehmen wurden die Kinder schon früh zu Hilfsarbeiten herangezogen, machten sich im Theater auch später nützlich und heirateten oftmals in andere Theaterfamilien ein. Erlernt wurde das Puppenspiel nach der Learning-by-Doing-Methode, wobei die Prinzipale neu hinzugekommenen Gehilfen meist die nicht so gut besuchten Nachmittagsvorstellungen überließen, weil das zahlungskräftige Publikum erst am Abend zu erwarten war.

Der soziale Wandel spiegelte sich freilich auch im Repertoire der Puppenspiele, und wo ursprünglich vor allem religiöse Themen im Vordergrund standen, wurden diese nun mit komischen Zwischenspielen und Figuren angereichert. Allerdings musste man, um als Puppenspieler auftreten zu

dürfen, bei der jeweiligen Stadtverwaltung um eine Konzession ansuchen, die jährlich zu erneuern war. Eine Spielerlaubnis während der Fastenzeit und vor den höchsten Festtagen war schwer zu bekommen. „Aus diesem Grund hatten die meisten Prinzipale auch einige geistliche Stücke im Repertoire, um die Beamten milde zu stimmen und auch zu diesen ‚heiligen Zeiten‘ spielen zu können“, stellt Isabella Schuster in ihrer Arbeit fest. „Somit fanden auf den Puppenbühnen um die Osterzeit Passionsspiele und um die Weihnachtszeit Krippenspiele statt.“

Handwerkerszenen mit mechanisch bewegten Figuren (Details, links und rechte Seite)

Letztere seien direkt auf den Brauch zurückzuführen, in der Weihnachtszeit Krippen mit zahlreichen Figuren aufzustellen, meint Schuster weiter. In Folge entwickelten sich diese leblosen Bilder weiter zu einer kleinen Bühne, auf der es möglich war, die Figuren zu bewegen. Ein nächster logischer Schritt war die Übernahme dieses Bühnenbildes an den zahlreichen Puppentheatern. Im

18. Jahrhundert war das Krippenspiel in den katholischen Gebieten des deutschen Sprachraums weit verbreitet. Es gab sie praktisch in allen größeren Städten, so auch in Aachen, Köln, Wien und Linz. Von den insgesamt über 100 Krippenspielen, die es damals gegeben haben dürfte, hat sich nur das Steyrer Krippenspiel bis in die Gegenwart erhalten.

Im Innerberger Stadel, einem prächtigen, sgraffitogeschmückten Barockbau auf dem Grünmarkt, wurde 1913 das Steyrer Heimathaus untergebracht, und im selben Jahr erwarb der Museumsverein 450 Stabpuppen aus den seit der Mitte des 19. Jahrhunderts bestehenden Steyrer Wanderkrippen. Seit 1924 wird hier von Advent bis nach Dreikönig das Steyrer Kripperl bespielt, vor allem mit weihnachtlichen Szenen und lokalhistorischen Ereignissen.

Von schlichten Holzbänken aus sieht der Besucher auf die in drei Stufen angelegte Krippenbühne. Auf der Unterbühne mit dem Stall zu Bethlehem im Mittelpunkt werden mit fixen mechanischen Figuren Szenen aus dem Handwerkerleben gezeigt. Die Oberbühne stellt das biedermeierliche Steyr dar, wo zwischen zwei Laufschienen die Stabpuppen

auftreten. Die von Isabella Schuster in ihrer Arbeit besonders hervorgehobene Lustige Figur spielt freilich auch in Steyr eine wichtige Rolle, ist sie doch ein Relikt aus der Commedia dell'arte, die sich vor allem im Stegreif Freiheiten herausnehmen durfte und die von den Behörden im konventionellen Theaterbetrieb seit der Aufklärung mit Verboten regelrecht bekämpft wurde. Im Puppentheater hat sie überlebt, und wenn auch im Steyrer Kripperl nur die harmlos wirkenden Libretti überdauert haben, die als schriftliche Grundlage für die heutigen Aufführungen dienen, so ist mit Sicherheit anzunehmen, dass die Prinzipale stets die Tagespolitik in ihr Stegreif-Spiel einfließen ließen.

Wer also das Steyrer Kripperl im 21. Jahrhundert besucht, sieht im Grunde genommen das Kabarett des 19. Jahrhunderts. Deshalb ist der kleine Publikumsraum auch zu zwei Dritteln von Erwachsenen ohne die Begleitung von Kindern besetzt, so merkwürdig das auch klingen mag ... ✳ KRIE-

Karl Mayer

Mühlviertler Krippen

Das Krippenschaffen im Mühlviertel ist nicht einheitlich. Karoline Benezeder verweist in ihrer Broschüre „Kirchenkrippen im Mühlviertel" (1982) auf einige große Kastenkrippen im Ausmaß von bis zu zwei Metern Breite, ein bis drei Metern Höhe und einem Meter Tiefe. Der Krippenberg ist dreistufig mit dem Stall, dem Hirtenfeld und darüber der heiligen Stadt mit dem Sternenhimmel. Die Krippen sind vorne mit Glas abgeschlossen.

Die mit 1820 datierte Krippe in Berg, Bezirk Rohrbach, enthält alte, mit bemaltem Papier kaschierte Figuren, ebenso die Kirchenkrippe in St. Oswald bei Haslach (um 1800). Hier finden sich einmalige Szenen: Zwei Frauen tragen die Schleppen der Heiligen Drei Könige; der Jagl betreut auf einer Leiter stehend seinen Taubenkobel.

Auch in Schwarzenberg steht eine recht schöne Krippe, datiert aus dem Jahr 1867, mit aus bunt bemaltem Papier kaschierten Figuren, mit Händen und Köpfen aus Holz. Aus dem Jahr 1850 stammt die Krippe in Kaltenberg (80 x 60 x 60 cm) mit Felsenhöhle und geflittertem Krippenberg. Acht alte Figuren sind mit Stoff bekleidet, dazu kommen geschnitzte und bemalte Holzfiguren.

Die Zeit der Neugotisierung des Kirchenraums und der Innenaustattung vieler Kirchen im Mühlviertel ließ Krippen im Nazarenerstil mit „orientalischen" Figuren, einer Palmenlandschaft und der Stadt auf dem Berg wie im Heiligen Land entstehen.

Neben den Krippendarstellungen in den Kirchen des Mühlviertels gab es häufig auch noch kleine Christkindkästchen in schlichter Gestaltung. Das in Tüll gewickelte Jesuskind, die Engerl und kleine Zugaben sind aus Wachs, das verglaste Kästchen ist mit goldenem Stanniolpapier und bunten Elementen ausgestattet. Es handelt sich hier um eine damals beliebte Mühlviertler beziehungsweise Böhmerwälder Hauskunst.

Auch die Hinterglasbilder, die gerne Motive um die Geburt Jesu und die Heilige Familie „hinter Glas" malen, sind der häuslichen Kunst zuzuordnen. Es sind die Bilder aus Sandl und dem böhmischen Buchers aus der Mitte des 19. Jahrhunderts. Das Museum in Freistadt besitzt in seiner Sammlung Hunderte Hinterglasbilder.

Heute nehmen sich Krippenfreunde der Weiterentwicklung der Krippe an (Linzer Krippenfreun-

de). Sie verlegen die Geburt des Jesuskinds in einen Mühlviertler Bauernhof und setzen ein Gegengewicht zu den Krippen des Salzkammerguts und der Eisenwurzen. Einen eigenständigen Weg geht Robert Himmelbauer in Hirschbach mit seinen künstlerisch bedeutsamen Holzskulpturen.

An dieser Stelle sei auch an die große Linzer Domkrippe des Münchners Sebastian Osterrieder hingewiesen, die er 1909–1914 geschaffen hat. Sie ist eine Meisterleistung der Krippenkunst im „orientalischen" Stil.

Krippenkünstler unserer Tage, die sich mit ihren Skulpturen einen Namen gemacht haben, sind Karl Gruber in Hohenzell, Ernst Mayrhofer in Krenglbach bei Wels, Jakob Kopp in Linz. Im Linzer Schlossmuseum steht die „große Linzer Altstadtkrippe" des Keramikkünstlers Maximilian

Heute wieder mehr denn je gefragt: Hinterglasbilder aus Sandl

Kosmata (1915–1991). Verwiesen sei auch auf die Krippenbauschule in Geboltsmünster.

Schlussgedanken

Die Weihnachtskrippe mit ihrer volkstümlichen Darstellung des Geschehens um die Geburt des Jesuskinds war schon immer ein Weg zu den Herzen der Menschen: Im Stall von Bethlehem wurde ein göttliches Kind geboren, das – nackt und hilflos – die Welt erlösen sollte. So bleibt auch für uns der Wunsch, dass wir mitten in unserem Alltag das kindlich-wortlose Staunen über das Geheimnis zurückgewinnen, das das Fest von Anfang an begleitet hat. Menschen auf dem Weg zur Krippe unter dem Stern von Bethlehem.

24 Stufen – das Mysterium rund um die Kastenkrippe

Der letzte Atemzug war ein ganz langer, dann lag er da in seinem Bett. Die Augen weit geöffnet und um ihn herum Neffen und Nichten. Tränen in den Augen und doch war es eine Erlösung. 97 Jahre ist er alt geworden, der alte Schulrat und Ehrenbürger, der Heimathausobmann und Krippenkaiser, wie ihn viele nannten.

Toni Schneeberger war die letzten Jahre kaum noch aus dem Bett gekommen: Herzprobleme, Gicht und dazu noch allerlei andere Wehwehchen. Das Schmerzhafteste freilich war die Tatsache, dass die Seinige schon vor vielen Jahren gestorben war. „Sie hat mich alleingelassen", war sein Vorwurf, den er immer und immer wiederholte.

Die Zeit vertrieb er sich in den ersten Jahren mit ausgedehnten Spaziergängen, später, als er nicht mehr mobil war, konzentrierte er sich auf sein eigentliches Hobby – das Krippenbau-

en. Jenes Brauchtum, das im Salzkammergut seit Jahrhunderten gepflegt wird und bei dem Szenen der Geburt Christi und anderer Bibelerzählungen mit kunstvollen Dioramen dargestellt werden.

Genau das waren auch im Moment des Todes seine Gedanken: „Vierundzwanzig Stufen", sagte er mit seinen letzten Atemzügen. Und er hauchte noch: „Die Kastenkrippe beim Dachboden."

Das Begräbnis wenige Tage vor dem Heiligen Abend war ein Treffen aller Alten des Ortes. Traurig war man schon, „aber mit 97 darf man wirklich nicht unzufrieden sein". Die Zehrung im Wirtshaus war so, wie es sich gehört: Rindfleisch und Semmelkren, und sie dauerte bis in den späten Abend hinein. Da wurden zahlreiche Geschichten und Erlebnisse mit dem alten Schulrat erzählt. Viel Lustiges, die eine oder andere Ohrfeige, die es damals ganz rechtmäßig für die Schulkinder gegeben hat, wenn sie sich nicht ordentlich aufgeführt hatten. Viele meinten, die Schulkinder habe er immer als die Seinen bezeichnet – kinderlos, wie seine Ehe geblieben war. Der alte Schulrat war mit ihnen auf bo-

tanische Wanderungen gegangen, hatte für seine Krippen Wurzeln und Moos gesammelt und mit den Buben und Mädchen musiziert.

Es war schon spät geworden. Ein Begräbnis wenige Tage vor Weihnachten passt nicht in den Terminkalender. Einige saßen aber noch gemütlich beisammen, als die alte Hummer-Bäuerin zu erzählen begann. Zunächst nur einem ihrer Sitznachbarn, denn ihre Stimme war mit knapp über 90 nicht mehr die lauteste. Doch nach und nach spitzten auch alle anderen am Tisch die Ohren und lauschten, was sie zu sagen hatte: „Er war ja ein großer Kunstliebhaber, der Toni. Doch er hat nicht nur die bäuerliche Kunst aus seiner Region gesammelt und im Heimathaus für die Nachkommen aufbewahrt. Ich sag euch, er hat auch ein ganz wertvolles Bild."

Da waren nicht nur alle absolut ruhig, die an ihrem Tisch saßen, sondern es kamen auch die ersten Neugierigen von den umliegenden Tischen.

„Gustav Klimt, den kennt wohl jeder", sagte sie, so als ob sie ihn selbst getroffen hätte, „war in den letzten Jahren seines Lebens oft hier am Attersee und malte seine Landschaftsgemälde." Der Toni, so erzählte sie weiter, war damals um die 15 Jahre alt und oft mit dem Meister unterwegs, zeigte ihm den einen oder anderen versteckten idyllischen Platz.

Im Wirtshaus war es nun ganz ruhig geworden. Der Schneeberger und der Klimt – davon hat man in diesem Nest, wo jeder jeden kennt, wo nichts geheim bleibt, wo alles am Stammtisch besprochen wird, nichts gewusst. Die Resi, wie die Hummer-

Bäuerin hieß, fuhr nach einer kurzen Pause fort: „Er hat mir damals die ganze Geschichte erzählt, als er für die Nazis in den Krieg gehen musste. Ich war damals ein wenig verliebt in den feschen Burschen." Aber er war zu sehr Lehrer, spürte dennoch die Zuneigung. Und so offenbarte er, was nur er wusste und er keinem anvertrauen wollte. „In der Kirche, in der Marienkapelle, hat er es mir ins Ohr geflüstert." Im Saal wurde es unruhig, die Spannung stieg und alle wollten endlich wissen, was nun kommen würde.

„Red schon", sagte forsch der Wirtssohn, „was war da mit dem Klimt und dem Toni?"

Damals hat sie ihm mit einem Schwur auf die Bibel versprechen müssen, dass sie niemals etwas erzählt – erst wenn er gestorben ist, dann dürfte sie es weitererzählen. Die Resi genoss plötzlich die Rolle, die sie innehatte. Sonst verschrien als Tratschweib, lauschten alle um sie herum ganz aufmerksam und waren schon gar nicht mehr zu halten. Der forsche Ton des Jungwirtes aber bremste ihre Erzähllaune und so stand sie plötzlich auf. „Der Rest der Geschichte kommt ein anderes Mal. Gute Nacht!"

Die Klimt-Story wurde noch eifrig diskutiert, doch nach und nach ins Lächerliche gezogen. Wahrscheinlich war es wieder eine der erfundenen Resi-Storys, auf die sogar schon die Wochenzeitungen hereingefallen waren. Aber irgendwie beschäftigte die Menschen auf dem Heimweg der Klimt dann doch.

Die Schreckensnachricht breitete sich aus wie ein Lauffeuer. „Der Zeitungsausträger hat sie gefunden – um vier Uhr früh – ganz bestimmt erfroren." Bei dieser Kälte und dem vielen Schnee. Resi Schlechtnigg, vulgo Hummer-Bäuerin, stand schon am Nachmittag auf der Parte an der Kirche zu lesen. Vom Herrgott geholt, als sie vom Begräbnis des Schulrates heimging, offenbar stolperte, hinfiel und nicht mehr aufstehen konnte.

Und wieder traf sich die Gemeinde zum Begräbnis und wieder gab es Rindfleisch mit Semmelkren und wieder wurde zu vorgerückter Stunde aus der Trauer die Erkenntnis, dass man mit 91 doch ganz zufrieden sein könne. Noch dazu so rüstig. „Aber abgehen wird sie uns schon", meinte der Bürgermeister, „wer wird uns jetzt all die Neuigkeiten erzählen?"

Das war das Stichwort und wie aus der Pistole geschossen begannen vier, fünf Männer lautstark zu fragen: „Und was ist jetzt mit dem Klimt?"

„Ich sag euch, da ist ein Bild versteckt."

„Und das ist Millionen wert."

Genau das hatte hinter vorgehaltener Hand seit Tagen die Menschen in dem kleinen Ort beschäftigt. So wenig man die Resi ernst nahm, so sehr war der Gedanke präsent, dass irgendwo ein Gemälde des großen Künstlers versteckt war. Die Verwandtschaft des Schulmeisters wurde natürlich besonders aufmerksam. Und weil es gleich mehrere Erben gab, die zwar allesamt ganz schön Bargeld abgesahnt hatten, kam langsam die Unsicherheit auf, übervorteilt zu werden.

Die Kripo war rasch zur Stelle: An allen Ecken des Schulratshauses waren die Spuren der nächtlichen Einbrüche zu erkennen. „Eindeutig waren da Einbrecher am Werk", analysierten die Beobachter. Doch der Polizist war sich nicht so sicher: drei Einbruchsstellen bei einem alten Haus? Die Fingerabdrücke waren perfekt, auf allen Türen und auch auf den Fensterflügeln konnte

die Spurensicherung welche finden. Wie sich kurze Zeit später herausstellte, waren es drei unterschiedliche.

„Was kann nur so interessant sein in diesem Haus?", rätselte der Kriminalinspektor und nahm die Befragungen auf. Zuerst die Nachbarn, dann die Verwandten. Und siehe da – die Spuren stammten alle von den lieben Erben. Aber sie kamen nicht gemeinsam, sondern getrennt und jeder auf eine andere Art und Weise. „Was haben Sie gesucht?", wurde der Polizist energisch. „Sie haben doch alle einen Schlüssel und so wirklich viele Wertgegenstände sind da nicht mehr in der Wohnung."

Die Befragung dauerte einige Zeit und dann rückten die drei mit der Wahrheit heraus. Sie alle hatten nach dem Auftritt von Resi bei der Zehrung und den letzten Worten des Onkels eindeutig eine Kastenkrippe als Versteck für das mögliche Klimt-Bild im Visier. Doch er hat ja nicht nur eine, sondern mehr als zehn hinterlassen. Eingebaut in der Bauernstube im Vorhaus beim Stiegenaufgang in den ersten Stock. Alle vorzüglich restauriert und fix eingebaut. „Die konnten wir bei unserem vorgetäuschten Einbruch gar nicht aus der Verankerung bringen", waren sich die Verwandten jetzt wieder einig.

„Wie kommen Sie darauf?"

„‚Kastenkrippe' war sein letztes Wort", sagte der Neffe, „und die 24 Stufen davor sind uns allen ein Rätsel!"

„Nein", rief da die Jüngste der Runde vom zweiten Stock herunter, „vierundzwanzig Stufen vom Erdgeschoss gezählt, muss das die Kastenkrippe sein." Schon waren die Herren mit Schraubenzieher zur Stelle und schraubten den Glasrahmen ab. Figuren ausgeräumt – die Hochzeit zu Kanaa – und dann vorsichtig das ganze Diorama herausgezogen.

Tatsächlich! Da lag ein großes Kuvert, Format 50 mal 30 Zentimeter. „Dem ehrlichen Finder", stand in großen Lettern auf dem Kuvert. Und weiter: „… gehört der Inhalt nicht! Als langjähriger Förderer und aktiver Mitarbeiter verfüge ich, dass damit das Heimathaus endlich die notwendige Attraktion bekommen soll – oder durch den Verkauf viel Geld!"

Vorsichtig zogen sie das Papier aus dem Kuvert. Es war eine Bleistiftskizze, die tatsächlich Gustav Klimt angefertigt hatte und den Hinweis trug: „Für Toni, der mich so oft bei meinen Spaziergängen am Attersee begleitet hat."

Für das Heimathaus war dieses Weihnachtsfest ein ganz besonderes, und so wurde in einer sofort einberufenen Sitzung fixiert, das Bild zu behalten, auszustellen und als einzigartigen Beweis für die Klimt'schen Sommerfrischetage am Attersee zu bewahren.

Die Geschichte ist (leider) frei erfunden — aber vielleicht ruht ja tatsächlich die eine oder andere Skizze des großen Meisters auf einem der Dachböden in den Häusern rund um den Attersee.

Auf Kripperlroas

„Am Glöcklerabend", sagt August Spiesberger, „da kommen bis zu 400 Leute vorbei – das ist der ärgste Tag." Spiesberger hat daheim eine jener wunderbaren Weihnachtskrippen stehen, für die das Salzkammergut und da wiederum besonders die Gegend um Ebensee berühmt ist: 150 bis 200 Jahre sei die geräumige Krippenlandschaft mit über 320 Figuren alt, erklärt Spiesberger. Es brauche schon ein paar Wochen, bis alles aufgestellt ist, „man wird ja nicht jünger". Vorzustellen gibt es eine figurenreiche Personnage: Die „Apfelmirzl" zum Beispiel, den Urberl mit der Leinwand oder den Naz mit der Henn. Die trifft man ebenso oft in den Ebenseer Krippen wie den Vogelfänger oder den Seppl mit der Weintraube. Der „blinde Veit", der von einem Kind geführt wird, ist eine Standardfigur (dahinter verbirgt sich die Vorstellung vom „blinden Seher"). Und nicht zu vergessen auf jene Figurengruppe, die „Vada, lass mi a mitgehn" heißt: Ein Bub bettelt, dass auch er mitgenommen werde zu Krippe. Kein Wunder, dass sich in einer Region, wo der Krippenbau eine lange und sehr typische Tradition hat – „Schnegerer" heißen die Krippenbauer in der Mundart der Gegend – auch das Besuchen der Krippen zum eigenen Brauch entwickelt hat: zur „Kripperlroas".

Ursprünglich war die „Kripperlroas" eine Sache der Nachbarn, der Dorfbewohner: Die sind vorbeigekommen, man hat die kleinen und großen Krippen-Wunderwerke bewundert, man hat einander gezeigt, welche Figuren in diesem Jahr wieder dazugekommen sind. Eine höchst kommunikative

Angelegenheit, bei der auch so manche Dorfneuigkeit die Runde gemacht hat. Max Höllmoser ist einer jener, die ihre Krippe gern herzeigen. „Vor 30 Jahren", erinnert er sich, „hat man begonnen, die Krippen touristisch auszuschlachten". Max Höllmoser hat die Sache pragmatisch gelöst und einen Raum speziell für die Krippe vorgesehen. „Die Leute kommen nicht in die Wohnung." Und vor der Krippe ist eine Glaswand, damit nichts wegkommt. Höllmosers Haus steht im Ortsteil Kohlstatt, da gibt es in sechs nahe beisammen gelegenen Gebäuden Hauskrippen. „Das ist praktisch für die Gäste", sagt Höllmoser. „400 bis 500 können es schon sein am 5. Jänner." Hochbetrieb also, Busgruppen machen Station, Familien, und immer wieder kleinere Gruppen von Dorfbewohnern, die spontan beschlossen haben: „Heut geh'n ma Kripperl schaun."

„Ich stell' mich eine Stunde auch hin, wenn ich das Gefühl habe, dass sich jemand wirklich interessiert", sagt Max Höllmoser. Das tun leider nicht alle – wie es eben der Gruppentourismus so mit sich bringt. Die Ebenseer selbst kommen eher in den Abendstunden und logischerweise nicht dann, wenn die Touristen in Scharen hereinbrechen. Außerdem wissen die Einheimischen, wo die privaten Krippen stehen, deren Besitzer keinen öffentlichen Rummel zulassen. „In der Kohlstatt gibt es acht oder neun private Krippen", weiß Höllmoser. In diesen Häusern ist die „Kripperlroas" noch der private, gesellige Brauch geblieben, der er früher war. Bis Maria Lichtmess bleiben die Krippen stehen, danach werden sie abgebaut. „Dass nicht der Fasching einihupft", sagt man in Ebensee.

Fürs „Krippöschauen" ist eine kleine Spende angebracht. Eher Münzen als Scheine landen im Körberl, „aber wegen dem Geld machen wir das ja nicht", versichert man in Ebensee.

„Es ist einiges anders geworden, seit viele große Krippen im Heimathaus stehen", sinniert August Spiesberger. „Aber das ist eh besser so." Die Tourismusverbände organisieren die „Kripperlroas" pro-

fessionell, da gibt es in St. Wolfgang und St. Gilgen, Bad Ischl und Gmunden, geführte oder zumindest ausgeschilderte Touren. In Ischl ist zum Beispiel die berühmte „Kalß Krippe" im Museum der Ausgangspunkt, dann geht es mit dem Pferdeschlitten weiter zu anderen Krippen. Am Wolfgangsee ist es angeraten, von St. Wolfgang per Schiff nach St. Gilgen überzusetzen.

In einem alten Salzherrenhaus in Haslach ist eine „Musikalische Kripperlroas" angesagt, der Sammler Erwin Rechberger hat dort Exponate zusammengetragen, die auch tönen – die mechanische Zither Cordephon 1900 spielt „Stille Nacht" und ein drehbarer Christbaumständer von 1880 gibt ein Hirtenlied von sich. In Steyr kann man eine „Kripperlroas" im Rahmen einer Winterwanderung oder auch per Oldtimerbus der Post angehen. In Hollenstein an der Ybbs hat ein Felssturz im Frühjahr 2006 einen gut 20 Meter breiten Felsabbruch entstehen lassen, den findige Geister zur Natur-Krippenlandschaft erklärten. Und ein ganzes Dorf machte sich ans Basteln und schuf lebensgroße, handbemalte Figuren: eine „Kastenkrippe" im Überformat sozusagen.

Wer in der Weihnachtszeit die Heimatmuseen im Salzkammergut besuchen möchte, dem seien deren repräsentative Weihnachtskrippensammlungen ans Herz gelegt, und auch in den Kirchen gibt es wertvolle Stücke zu sehen. Geheimtipps für eine „Kripperlroas" zu Privathäusern sind hauptsächlich von Einheimischen zu bekommen. Doch auch auf der Website des Tourismusverbandes finden sich Privatadressen für eine ganz individuelle Reise zu Oberösterreichs Krippen.

❊ KRIE-

Eine Barockoper mit Volksmusik

Eindreiviertel Stunden sind besser als 20. So lange nämlich soll die „Theatralische Vorstellung der Geburt Jesu Christi" (so heißt das „Ischler Hirtenspiel" eigentlich) gedauert haben – und es war kein Schauspiel, sondern eine barocke Hirtenoper. Man weiß und versteht: Da gab's viele Wortwiederholungen und Da-capo-Arien! Jetzt jedenfalls geht es beim „Ischler Hirtenspiel" deutlich schneller, wobei es freilich jammerschade ist um die Musik. Die

ist verloren gegangen und man kennt nicht einmal den Namen des Komponisten. Wer weiß: Vielleicht wäre das Ischler Krippenspiel, das also bloß das Libretto des originalen Werks ist, nicht nur das älteste religiöse Volksspiel in Oberösterreich, sondern auch die älteste Oper eines Meisters aus diesem Bundesland.

Verschlungen genug sind die Wege, wie der Text auf uns gekommen ist. In der „Sammlung alter Hirtenlieder und Weihnachtsspiele" des Chorherren Wilhelm Pailler aus dem Stift St. Florian im Jahre 1880 erschien er zum ersten Mal im Druck und der Herausgeber damals berief sich auf einen Ischler Codex aus dem Jahre 1654. Der ist leider auch verschütt gegangen und so findet sich die älteste bekannte Textfassung in einer Handschrift aus dem Jahr 1725 (heute im Linzer Landesmuseum). 1922 hat man sich des Ischler Krippenspiels nach jahrzehntelanger Aufführungspause wieder erinnert, seit damals wird es wieder aufgeführt, derzeit im Vier-Jahres-Rhythmus.

Über 30 Darsteller sind auf der Bühne, viele übernehmen mehrere Rollen in diesem figurenreichen Stück. Manche Rolle, erzählt der Spielleiter

Gerhard Größwang, werde seit Generationen innerhalb einer Familie weitergereicht. Bei den Familien Zopf und Müllegger zum Beispiel stecken schon die Enkel in den Kostümen, die bereits der Vater und der Großvater getragen haben. Die Gewänder wurden 1955 nach alten Schnitten neu angefertigt. Manche sind inzwischen natürlich schon wieder erneuert. Viele Darsteller der „Krippenspielgemeinde" kommen aus der „Volksspielgruppe Bad Ischl". An der Ischler Musikschule bilden sich für diesen Anlass kleine Ensembles und Bläsergruppen.

Am Anfang berichten die Propheten vom Kommen des Erlösers und am Ende gehen die Dreikönige zur Krippe und huldigen dem Jesuskind. „Alles, was mit den Hirten zu tun hat, ist in einem ganz alten Ischler Dialekt gehalten", erklärt der Spielleiter. „Der übrige Text ist in Hochsprache." Die steht dem Engel natürlich besser an, der seine Botschaft an Maria überbringt, den zweifelnden Josef beruhigt und natürlich später auch den Hirten berichtet, was sich zugetragen hat. Die erzählen es ihrerseits ihren Frauen, den „Hirtenweibern". Hirtenbuben singen zwei traditionelle Weihnachtslieder aus Ebensee.

„O mein Kindl, wir dich grüßen und von Herzen bitten toan, sei so guat, verdamm' uns koan", heißt es am Ende des ersten Teils. König Herodes, die Hohepriester und Schriftgelehrte lernen wir im zweiten Teil kennen.

Ob das Werk in früheren Jahrhunderten regelmäßig aufgeführt worden ist, weiß man nicht, aber ganz in Vergessenheit scheint es wohl nicht geraten zu sein. So gab es im Jahre 1865 Großaufführungen mit Orchester und 100 Mitwirkenden. Einmal ist das „Ischler Hirtenspiel" sogar Kaiser Franz Joseph vorgeführt worden, weiß man im Ischler Stadtmuseum. Das sei am 18. August 1870 gewesen, der Kaiser war wie üblich in Ischl auf Sommerfrische. Die rechte Jahreszeit für die Weihnachtsbotschaft? Da ist man jetzt jedenfalls deutlich punktgenauer dran, am Stephanitag und an einigen Tagen um Dreikönig. 2015/16 sollte es wieder so weit sein. Zuletzt (2011/12) hat man nicht mehr im Pfarrsaal gespielt, sondern in der Pfarrkirche.

✳ KRIE-

Roco

Es gehört schon zur Tradition des Lehrers Hartmann, um die Zeit nach Allerheiligen mit der Planung und Organisation eines Weihnachtsspiels zu beginnen. Heuer hatte er eine vierte Volksschulklasse, mit der man schon einiges auf die Beine stellen konnte. Die letzte Probe dafür war ein kleines Faschingstheater, mit dem die Klasse Hartmanns allgemeine Anerkennung gefunden hatte.

Für heuer war ein Spiel rund um die Herbergssuche vorgesehen. Nichts besonders Aufwendiges durfte es sein, wie Lehrer Hartmann aus reicher Erfahrung wusste. Die Personen standen fest: Maria und Josef, ein Wanderer, der nach dem Weg befragt wurde, zwei Hirtenknaben, die zufällig des Weges kamen und den Tipp mit dem Stall geben mussten, und natürlich einige Wirte, die textbuchgemäß Maria und Josef von der Tür weisen mussten. Na, und der Rest waren Engel, die immer wieder dazwischen weihnachtliche Lieder zu singen hatten, um das Spiel zu beleben. So war die ganze Klasse beschäftigt und niemand fühlte sich benachteiligt.

Maria und Josef, die Hauptrollen sozusagen, waren schnell besetzt: Gerda und Markus, zwei theatererprobte Schüler, bekamen den Zuschlag.

Auch der Wanderer und die beiden Hirtenknaben waren bald unter Dach und Fach. Nur bei einem der Wirte spießte es sich etwas. Lehrer Hartmann schlug Roco vor, einen Schüler, der erst seit Kurzem in der Klasse war und aus dem benachbarten Ausland stammte.

Roco wehrte sich zuerst heftig, aber nach langem Hin und Her ließ er sich doch überreden, die Rolle eines mürrischen und abweisenden Wirts zu spielen. Als Kostüm bekam er eine große weiße Schürze und ein schwarzes Wirtskäppchen, wie man es manchmal in alten Krippen oder auf alten Gemälden noch findet. Und der Rest der Klasse war dann, wie gesagt, die Engel. Deren Kostüm bestand aus weißen Kleidern, Flügeln und Haarreif mit goldenem Stern. Bei Engeln gibt es ja kaum Bekleidungsprobleme, ihre Mode ist zeitlos und passt immer.

Nun, nachdem alle ihre Rolle brav auswendig gelernt hatten, ging es an die ersten Proben. Lehrer Hartmann war mit seinen Schützlingen sehr zufrieden. Alle ordneten sich seinem Regiekonzept unter und führten anstandslos seine Anweisungen aus. Sogar Roco, der zuerst ein bisschen gemockt hatte, spielte seinen Part vorzüglich, konnte er doch seinen Unmut rollengemäß in den Text des mürrischen und abweisenden Wirts legen. Allmählich wurden auch die Kostüme fertig, die, wie jedes Jahr, von fleißigen Müttern und Omas geschneidert wurden. Einen Tag vor der Aufführung im Turnsaal der Schule fand die letzte Probe statt, bei der alles wie am Schnürchen lief.

Aufgeregt stand am Tag der Aufführung die Spielerschar hinter dem Vorhang, während sich der Saal füllte. Mitschüler, Eltern und Lehrer nahmen die Plätze ein. Auch die Eltern Rocos waren gekommen, obwohl sie bisher noch nie in die Schule gekommen waren.

Lehrer Hartmann versuchte seine Schützlinge zu beruhigen, rückte da und dort ein Kostüm zurecht und achtete besonders darauf, dass die Engel ihre Flügel an der richtigen Stelle hatten. Schon testete der Herr Direktor das Mikrofon, worauf sich der Lärmpegel der Zuschauer etwas senkte. Wie üblich begrüßte er speziell die Eltern und dankte ihnen für die Mithilfe. Auch den Lehrern, und da natürlich vor allem dem Herrn Lehrer Hartmann, dankte er für die Vorbereitung des Weihnachts-

spiels. Zuletzt dankte er auch den Schülern, die die Mühe des Rollenlernens auf sich genommen hatten, und bat zugleich die Zuschauer um Verständnis, sollte vielleicht nicht alles so klappen, wie es geplant war, schließlich stünden Kinder auf der Bühne und nicht professionelle Schauspieler.

So, und nun konnte das Spiel beginnen. Der Vorhang ging auf und mit etwas zittrigen Beinen traten Maria und Josef auf die Bühne. Lehrer Hartmann hielt hinterm Vorhang vorsichtshalber das Textbuch in der Hand. So konnte er als Souffleur einspringen. Aber das war nicht notwendig, auf seine Schüler war Verlass, die hatten ihren Text drauf, schließlich standen sie nicht das erste Mal auf der Bühne. Nur für Roco, für den war es diesmal eine Premiere. Aber bei so einer kleinen Rolle wie der eines der Wirte, was sollte da schon passieren?

Das Spiel war voll in Fahrt, Maria und Josef hatten schon

bei zwei Wirten vergeblich um Herberge angeklopft und wurden von beiden abgewiesen. Jetzt kam Roco an die Reihe, der letzte Wirt, der das Paar wegschicken sollte.

Lehrer Hartmann schlug vorsichtshalber das Textbuch auf, um Roco zu helfen, falls er vielleicht aus Nervosität stecken bleiben sollte. Aber nichts davon, wie vorgesehen legte er los:

> *„Was wollt ihr denn zu später Stund,*
> *weckt nur die Kinder, Katz und Hund ..."*

Darauf erklärte Josef sein Anliegen so wie den beiden anderen Wirten. Und Roco sollte schlagfertig erwidern:

> *„Schert euch zum Teufel, Lumpenpack,*
> *wer arm, nichts hat in seinem Sack,*
> *für den ist da bei mir kein Platz,*
> *geht hin, wo hausen Maus und Ratz.*
> *Bei mir ist alles heut besetzt,*
> *möcht Ruhe haben endlich jetzt."*

Lehrer Hartmann sprach Rocos Text so laut vor, dass man ihn noch in der fünften Reihe hören musste:

> *„Schert euch zum Teufel ..."*

Aber Roco sagte nichts.
Da endlich machte er seinen Mund auf:

> *„Ihr tut mir leid, ihr armen Leut,*
> *viel klopften an die Tür schon heut.*
> *Ich hab kein Zimmer für euch frei,*
> *doch seid ihr mir nicht einerlei,*
> *ich geb euch gern mein eignes Zimmer,*
> *ihr sollt nicht frieren, nie und nimmer.*
> *Kommt nur herein und seid mein Gast,*
> *ich geb euch Brot und Bett zur Rast."*

Lehrer Hartmann wusste nicht, was in Roco gefahren war. Auch Maria und Josef standen da wie der sprichwörtliche Ochs vorm Stadltor und wussten nicht, was sie jetzt tun sollten. Aber Roco nahm sie an den Händen und zog sie durch seine Tür, sodass sie gar nicht anders konnten, als mitzugehen.

Das Publikum, das natürlich auch einen unwirschen und bösen Wirt erwartet hatte, war gespannt, was jetzt passieren würde. Aber plötzlich begannen der Vater und die Mutter Rocos zu klatschen und alle anderen schlossen sich dem Applaus an. Und es begann ein tosendes Beifallsklatschen, wie man es bei einem Spiel im Turnsaal der Schule noch nie erlebt hatte. Und obwohl das Stück eigentlich noch gar nicht richtig aus war, kamen alle Darsteller auf die Bühne und verbeugten sich, so wie es eben nach dem Ende geplant war. Nur Roco war nicht dabei, bis Lehrer Hartmann mit Roco an der Hand auf die Bühne kam und der Applaus erst richtig aufbrauste. Auch Lehrer Hartmann applaudierte in Richtung Roco, obwohl er eigentlich nicht recht wusste, ob er lachen oder weinen sollte.

Roco verneigte sich zaghaft und verschwand gleich wieder schüchtern hinter dem Vorhang. Doch Lehrer Hartmann holte ihn noch einmal heraus und das Publikum stand auf und klatschte wie verrückt, ebenso alle anderen Mitschüler, die im Stück mitgewirkt hatten.

Von einer Minute zur anderen war Roco ein Held geworden, der gefeiert wurde wie ein Popstar.

Zu Silvester wird geschossen!

Vielleicht ist ja das Zuhören beim Neujahrskonzert, das seit jeher ab 11.15 Uhr vom ORF live übertragen wird, der im ganzen Land allerbeliebteste Jahreswechselbrauch. Oder doch das Abschießen von Feuerwerksraketen und die Knallerei? 60 Euro gebe der Durchschnitts-Oberösterreicher zu Silvester für Feuerwerkskörper aus, 15 Euro für Glücksbringer, hat man bei der Wirtschaftskammer errechnet.

Die Rakete steht also – zumindest was die Ausgaben betrifft – deutlich höher im Kurs als das Marzipanschweinchen mit vierblättrigem Glücksklee im Maul. Silvester ist eben die Nacht des Lärms, auch wenn es Tierschützer, die Erzfeinde aller lauten Pyrotechnik, Jahr für Jahr an Lobbyismus in den Medien nicht fehlen lassen.

Man könnte auf die Idee kommen, dass es gar nicht wirklich bodenständig hergehe rund um den Jahreswechsel. Mit einem herzhaften „Prosit" wünscht man sich ein neues Jahr, also in lateinischer Sprache. Es möge gut sein oder wohl gelingen. Und die Sache mit dem „guten Rutsch" ist ja ebenfalls alles andere als heimatverbunden, auch wenn hierzulande die Wege im Winter vereist sind: Damit hat dieser Glückwunsch ja überhaupt nichts zu tun, er kommt vom jüdischen Neujahrsfest „Rosch ha-Schanah". „Rosch" heißt auf Hebräisch „Kopf" oder „Anfang". Zum Jahresanfang wünschen Juden einander einen „tov rosch", einen guten Anfang. Daraus ist, verballhornt, der „gute Rutsch" geworden.

Rauchfangkehrer gehen kaum noch auf Glückwunschtour. In Zeiten der Fernwärme ist das Kapitel

Feuervermeidung durch unverstopfte Rauchfänge (deshalb stehen Kaminfeger für Glück) abgehakt. Dem Briefträger legt man aber nach wie vor eine kleine Geldspende in den Briefkasten und die Hausbesorger – so sie nicht durch mobile Putzdienste abgelöst wurden – freuen sich über eine Flasche Wein: Das ist durchaus eingebürgert.

Bleigießen, Schweinskopf essen – das war's eigentlich schon. Zu Silvester und Neujahr verhält es sich ähnlich wie zu Weihnachten: Gerade im Familien- und Freundeskreis werden viele individuelle, über viele Jahre lang eingeübte Feier- und Besuchsrituale eingehalten.

Bleibt als echter, allgemein und flächendeckend geübter Brauch wohl wirklich nur die Silvesterknallerei, mit der in Österreich rund acht Millionen Euro Umsatz gemacht wird: Geistervertreibung sollte man gerade da nicht hineininterpretieren. Lärm macht Mut, und mit Mut ins neue Jahr zu gehen schadet gewiss nicht. Diesen Mut kann man also laut Wirtschaftskammer Österreich an 10.000 Verkaufsstellen – Geschäfte und mobile Verkaufsstände zusammengenommen – gegen gutes Geld erwerben.

ANTON MATOSCH

's Neujahr-Anschiaßn

Án alter Brauch – ja, den si d' Leut
bon üns nöt nehmá liaßn –
alljahr in dá Silvesternacht,
das is 's Neujahr-Anschiaßn.

Das wá ja koan Silvesternacht,
wann's nöt all Augnblick tuschát,
wann nöt an alle Öck und Endt
dá Pulverteufel pfluschát.

Das wá ja koan Silvesternacht,
wann's umádum nöt krachát –
als wann dá alte Bonápárt
an neuchen Feldzug machát.

Da wird mit'n Pulverkern nöt gspart,
an iadá zoagt sein Reschn –
was eini mag, wird eini gladnt,
aft laßt ön Teufel kleschn.

Wann's iabel ár á Büchsn zreißt
und mitnimt á paar Fingá.
Der alte Brauch, der kimt nöt a,
den kan koan Gricht nöt zwingá.

Einen Seitenblick sind aus diesem Anlass die Prangerstutzenschützen wert, die zu Neujahr selbstverständlich ausrücken. Sie sind nicht mit Milizverbänden in der Art der Tiroler Schützen zu verwechseln, denn die Prangerstutzenschützen machen zwar Lärm, aber sie zielen und treffen nicht. Prangerstutzen sind gut halbmeterlange Handböller, die von vorne mit fünfzigprozentigem Schwarzpulver geladen werden. Das Wort „Prang" meint Pracht – und damit ist die Herkunft und Bedeutung dieser Art von Schützenbrauchtum eigentlich schon erklärt: Ihre Funktion leitet sich vom Salutschießen ab. Zum Jahreswechsel soll ihr Schießen einfach Glück bringen. „Wir sind keine Wehrschützen, sondern Festschützen", sagt Franz Huber, Obmann des OÖ. Prangerschützenverbands. Und er weiß auch zu berichten: „Wer glaubt, Prangerschützen seien ausschließlich Männer, der irrt. Seit einiger Zeit gibt es in Vöcklamarkt eine Schützin. Diese war Marketenderin und entschloss sich dann dazu, aktive Schützin zu werden."

Derzeit zählen die 17 Prangerschützenvereine in Oberösterreich circa 1.200 Mitglieder, der derzeit älteste Verein wurde 1975 in Perwang (wieder-)gegründet. 13 Vereine haben sich 1982 zum OÖ. Prangerschützenverband zusammengeschlossen. Ihr „Marktwert" ist rasant gestiegen, nachdem die Böllerei, weil zu gefährlich, gesetzlich verboten worden ist.

Die Prangerschützen haben aber eine Tradition, die weit zurückreicht. In der Zeit der Gegenreformation galt es, die Macht der (katholischen) Kirche ordentlich herauszustellen, und ab da wurde geböllert und geschossen, zu Fronleichnam genauso wie zu Neujahr, bei Hochzeiten ebenso wie bei Begräbnissen. Der Prangerstutzen, eigentlich ein Handböller, wurde im Salzburger Raum um die Mitte des 17. Jahrhunderts entwickelt. Der älteste erhaltene Stutzen stammt aus dem Jahre 1693.

Am 1. Jänner um 9 Uhr früh heißen die Prangerschützen von Ebensee vom Kalvarienberg herab das neue Jahr willkommen. Die Schützen von Perwang im Mondseeland ziehen bereits ein oder zwei Tage vor Jahreswechsel von Haus zu Haus. „Im Gegensatz zu ‚normalen' Schützenvereinen werden bei uns eher selten Salven, sondern mehrheitlich Reihenfeuer abgegeben", erklärt der Obmann der Grabensee-Schützen Perwang, Albin Österbauer. Von

*Viel Schall und
Rauch zu Neujahr:
Prangerschützen
aus Seeham im
Salzkammergut,
aufgenommen im
Gründungsjahr 1963*

einer Salve spricht man, wenn alle Schützen zeit-
gleich feuern. „Beim Reihenfeuer hingegen feuert
jeder Schütze einzeln. Dabei werden die Abstände
des Abfeuerns vom ersten bis zum letzten Schützen
immer kürzer."

Wahrscheinlich gibt es keinen halbwegs populären Brauch, den man nicht in Gmunden aufgreift
und auf dem Platz vor dem Rathaus vor vielen Einheimischen und Gästen zelebriert. Natürlich gibt
es dort auch ein Neujahrsschießen, traditionell die
Aufgabe der Kirchhamer Prangerschützen. Das er-
zeugt viel Schall und Rauch am Traunseeufer.

Die Jäger in Vorderstoder haben aber wirklich
trefferfähiges Gerät, wenn sie das alte Jahr hinaus-
und das neue hereinschießen. Glücklicherweise zie-

len sie in die Luft. Dieser Jägerbrauch erlangte zu
Beginn der neunziger Jahre neue Beliebtheit, weiß
die Brauchkennerin Helga Maria Wolf zu berichten.
Vor dem Haus wird also vor und nach Mitternacht
je drei Mal geschossen.

✳ KRIE-

Aperschnalzen zu Neujahr

Überraschend eigentlich, dass es ein „Aperschnalzen" ausgerechnet in Linz und quasi als „offiziellen" Neujahrsbrauch immer am 1. Jänner um 11 Uhr vor dem Landhaus gibt. Ist das Aperschnalzen doch eine sehr spezielle Art des Lärmbrauchtums, das in dieser Form im „Rupertiwinkel", im Gebiet des ehemaligen Fürsterzbistums Salzburg beheimatet ist. Im Salzburger Flachgau,

in den angrenzenden bayerischen Grenzgebieten, in wenigen Gemeinden des südwestlichen Innviertels – dort ist das Aperschnalzen beheimatet, dort hört man das Knallen ab Weihnachten bis Faschingsende häufig. Dort messen sich auch die Passen – so heißen die Schnalzergruppen – jedes Jahr in Wettbewerben und ermitteln, wer von ihnen den stärksten „Pasch", das rhythmisch genaueste „Durcheinand" zuwege bringt.

Das Aperschnalzen des Trachtenvereines Altstädter Bauerngmoa in Linz ist also geographisch außergewöhnlich. Seit 1925 pflegt man diesen Brauch. Außer dem Neujahrschnalzen vor dem Linzer Landhaus gibt es ein Dreikönigschnalzen am 6. Jänner im Linzer Stadtteil Neue Heimat.

*Aperschnalzen vor dem Linzer
Landhaus: Erster festlicher
Höhepunkt im neuen Jahr*

Die Linzer Schnalzer tragen schwarze Hosen, weiße Hemden, ärmellose Samtjacken und schwarze Zipfelmützen mit gelben Quasten. Ihre „Goaßl" besteht aus einem rund 70 Zentimeter langen Holzgriff, an dem ein gleichmäßig dünner werdendes Hanfseil montiert ist. Dieses gedrehte Seil wird sorgfältig eingefettet, damit es schwerer wird und trotzdem geschmeidig schwingt. Die Länge schwankt je nach Kraft und Größe des Peitschenschwingers zwischen zweieinhalb und dreieinhalb Metern. Entscheidend ist das Ende des Seils: ein kurzes Stück Bastschnur, am Ende sorgfältig aufgefranst. Dieses quastenähnliche Ding ist ausschlaggebend dafür, dass der Peitschenknall seine charakteristische helle Klangfarbe bekommt.

Mehrere Erklärungen kursieren über die Bedeutung des Aperschnalzens. Vielleicht wollte man einst mit dem Geknalle Winterdämonen vertreiben (daher das Wort „aper", schneefrei), möglicherweise die in der Erde ruhende Saat aufwecken. Tatsächlich gibt es in Thüringen und anderswo in Deutschland einen dem Aperschnalzen ähnlichen Brauch. Er heißt dort „Lerchenwecken" oder „Kornaufwecken". Eine dritte Erklärung: In Pest-Zeiten habe das Knallen mit der Peitsche eine (gefahrlose) Verständigung zwischen Bauernhöfen ermöglicht.

✳ KRIE-

NORBERT HANRIEDER

Neujahrswunsch 1896

D' Frau Zeit is á Lastá,
schickts gar nöt guat an,
bal mags schiar nör weidá,
bal tuats oan dávan.

Oft wünscht már in Herzen:
Geh heid und bleib stehn;
da rennts aft, als jauckats
dá Toifel mitn Zen.

Und wann oan oft ztoan wá,
dass's schleinigá gáng,
wird's stützi und schlagt
wiar á Roß übá d' Strang.

Drum wünsch i eng,
geht eng á Zwidernuss an,
dáss d' Zeit so schnell geht,
wia dá Blitz láffen kann.

Kimmt abá was Guats,
dáss's schen langsam spaziert,
und klopft gar á groß Glück an,
dáss ganz stehád wird.

Die Licht-Kreise der Glöckler

Ein Läuten, das der gemeine Tourist in Unkenntnis der Lage am ehesten mit einem Almabtrieb kombinieren würde, kündigt sie von Weitem an: Die Glöckler haben tatsächlich Kuhschellen um ihre Hüften gebunden. Also glauben nicht wenige Leute, dass sich die Bezeichnung „Glöckler" von diesen Glocken ableitet. Weit gefehlt. Das alt- und mittelhochdeutsche „klockon" oder „klocken" meint „anklopfen". Es weist auf einen Heischebrauch hin, aufs „Anklöcke(l)n" eben, wie es im benachbarten Salzburg und im weiter entfernten Tirol heißt.

Auch wenn man heute – wegen der unzähligen Perchtenläufe, die eigentlich Krampusumzüge sind – mit dem Wort „Percht" Schreckfiguren assoziiert: Die blütenweiß gekleideten Glöckler mit ihren riesigen, wundersam von innen heraus leuchtenden Kappen aus Holz und Papier sind echte Perchten: Sie laufen im Gleichschritt am Vorabend vor Dreikönig, in der letzten der Raunächte. Und auch wenn sich das Glöckeln zunehmend als Schaubrauch etabliert hat und viele Glöcklergruppen aus dem Salzkammergut mittlerweile liebend gern in den Tagen zuvor in größere Städte im näheren und weiteren Umfeld auf „Tournee" gehen: Von der Idee her ist das Glöcklerlaufen eben ein von Haus zu Haus durchgeführter Perchtenbrauch.

So ziehen denn die Glöckler am 5. Jänner in Ebensee im Laufschritt ihre Runden, von sechs Uhr abends bis ein Uhr in der Früh: Denn mit jenem touristischen „Event" am frühen Abend, dem jedes Jahr bis zu 20.000 Schaulustige beiwohnen, ist es beileibe nicht getan: Nach dem „Schaulaufen" für die Fremden geht es weiter auch zu entfernteren Häusern. „Gjaid", sagen die Einheimischen, wenn die Glöckler durch den Ort ziehen, eine jede Gruppe zu dem Ortsteil, aus denen die Kappenträger stammen. „Man schaut, dass man auch bei diesem Lauf durch die Straßen Kreise zieht", erklärt Eduard Promberger von der Glöcklergruppe Alt-Ebensee. Früher waren Achter, Schleifen, Spiralen üblich, „ein Kreis muss es mindestens werden". Geht es doch nach überlieferter Vorstellung beim Glöcklerbrauch darum, „Hexen, Teufel und Geister zu vertreiben", sagt Promberger.

Die Traunseegemeinde Ebensee gilt in Österreich als die Wiege des Glöcklerlaufs. In Aufzeichnungen des Pater Amand Baumgarten vom Stift Kremsmünster aus dem Jahr 1860 ist von Glöck-

lerläufen die Rede, ab 1890 ist der Glöcklerlauf dort jedenfalls sicher belegt. Und die Ebenseer Glöckler stehen auf der UNESCO-Welterbeliste des immateriellen Kulturguts.

Eine Glöcklergruppe heißt „Pass". In Ebensee und in der näheren Umgebung gibt es davon mehr als 20. 200 bis 250 „Kappen" kommen am Vorabend von Dreikönig in Ebensee zusammen, dazu noch eine erkleckliche Schar an Begleitpersonen. Die Pass „Alt Ebensee" zum Beispiel hat 29 Kappen. „Eine ungerade Zahl ist Tradition, so ist es uns gelehrt worden von den älteren Leuten."

Kräftige Burschen sind gefragt – aber trotzdem sind vor einigen Jahren auch junge Damen eingebrochen ins bis dahin gendermäßig eindeutig definierte Glöckeln. Die drei großen Glocken, die die Glöckler an einem Ledergurt um die Hüfte geschnallt haben, können zehn Kilogramm wiegen und die Kappen können auch bis zu siebeneinhalb Kilogramm schwer sein. Der „Sechsspitz" der Pass „Alt Ebensee" ist 3,30 Meter lang und 1,80 Meter hoch und der Sturmhut des Vorläufers misst stolze

4,50 Meter. Ein Glöckler macht aus Tradition seine Kappe selbst, so etwas kauft man nicht von der Stange. Die Motive werden aus Tonpapier ausgeschnitten, gestanzt und mit buntem Seidenpapier hinterklebt. Dreihundert Arbeitsstunden und mehr stecken in einer Kappe.

Übrigens könnte die Bezeichnung „Percht" – so eine Theorie von Sprachforschern – vom althochdeutschen Wort „peraht" abgeleitet sein. Das heißt leuchtend oder glänzend. Die Glöckler lösen dieses Versprechen ein, denn das magische Leuchten in der Nacht vor dem Dreikönigstag ist unbeschreiblich stimmungsvoll.

❋ KRIE-

Die Maschkerer im Innviertel

Der Auftritt ist stark: Der Rauchfangkehrer poltert zur Tür herein, seine Leiter knallt auf den Boden und er hinterher, doch plötzlich stürzt sich der Teufel, ihm dicht auf den Fersen, auf ihn. Typisch Teufel! Der will verhindern, dass der Rauchfangkehrer und mit ihm das Glück ungehindert ins Haus einziehen können. Gut, dass der Kasperl nicht weit ist, der trennt die beiden Rabauken.

Erlebt man in Maria Schmolln, St. Johann im Walde, Höhnhart und umliegenden Weilern (im Innviertel östlich von Mattighofen) einen Auftritt der „Maschkerer", dann glaubt man sich schon mitten im Faschingstreiben und nicht am Tag vor der letzten Raunacht (von 5. auf den 6. Jänner). Was für ein buntes Völkchen kommt da zusammen: Auf den starken Auftakt mit Rauchfangkehrer und Teufel folgen Spielleute (ein Ziehharmonikaspieler und ein Blechbläser) und trachtige Tanzpaare mit weißen Sternen auf den Kleidern.

Allerlei deftige Volkstypen sind mit der Gruppe unterwegs, manche wollen den Hausleuten etwas andrehen und andere haben gar

Anschuldigungen: Der „Schandinger" (Gendarm) zum Beispiel weiß von ominösen Vergehen des Hausherrn. Der „Finanzer" – ein gesetzter Herr mit schwarzem Zylinder – argwöhnt sogleich, dass in diesem Haus unerlaubt Schnaps gebrannt worden sei. Ein Doktor weiß absurde Krankheit zu diagnostizieren. Ein alter Mann und ein altes Weib zetern

laut, ein Jäger taucht auf und ein Bärentreiber mit seinem Zotteltier. Der Heiratsvermittler ist fast nicht abzuschütteln. Der Schleifer mit der Kraxe und der Kramer mit dem Bauchladen preisen ihre Dienste an.

Freigiebig sollten sie schon sein, die Haus- und Wirtsleute, die am 5. Jänner Besuch von den Maschkerern bekommen, mit Schnaps, mit Essbarem und auch mit Geldspenden. Je fortgeschrittener der Tag, umso ausgelassener werden logischerweise die Maschkerer, wobei man schon auch sagen muss: Mit dem steigenden Alkoholspiegel sinkt die Energie, die Summe des Unfugs dürfte also in etwa konstant bleiben. Schließlich sind die Burschen von der Zeche Schweigertsreith, so erzählen sie, an diesem Tag ab fünf Uhr früh unterwegs und legen bis zu 20 Kilometer zurück. In 60 oder 70 Häusern ziehen sie ihr frivoles Spektakel ab.

Die Zechen Michlbach und Schweigertsreith in Maria Schmolln und St. Johann im Walde betreiben das „Maschkern" (oder auch „Matschkern") noch sehr emsig. Jugendgruppen machen es ihnen neuerdings nach – wer weiß, vielleicht werden dereinst auch die Maschkerer eine Renaissance erleben, wie es bei anderen Bräuchen in den letzten Jahren war. Der Fun-Faktor würde stimmen. Übrigens bedeutet der mittelhochdeutsche Begriff Zeche „Gesellschaft" und wird in Oberösterreich für eine Burschenschaft, einen Zusammenschluss aus ledigen jungen Männern verwendet. Sie pflegen den Volkstanz (der Innviertler Landler ist ihre Spezialität) und das Brauchtum des jeweiligen Heimatortes.

Früher waren im Innviertel die Maschkerer verbreitet Raunachtler. Oder doch eher Faschingsfiguren? Das Reizvolle ist ja gerade, dass man das bezüglich dieses Heischebrauchs im Einzelnen nicht mehr auseinanderhalten kann. Bei den Zechen Schweigertsreith und Michlbach beruft man sich sogar auf eine 200-jährige Geschichte.

Das letzte Wort beim Besuch der Maschkerer haben Kasperl und Teufel, denn der schwarze Geselle hat den Trubel genutzt und sich versteckt. Aber der Kasperl findet ihn und treibt ihn zum Gaudium der Bewohner, deren Gesichter mit Russ geschwärzt worden sind, aus dem Haus.

❋ KRIE-

186

Das Nebelberger Raunachtsingen

Nur alle zehn Jahre wird das Nebelberger Raunachtsingen – auch Raunachtspiel genannt – durchgeführt und zwar im Gebiet Julbach, Peilstein, Nebelberg und Kollerschlag im nordöstlichen Mühlviertel. Zuletzt war das 2010. Es ergeben sich allerdings kürzere Intervalle, weil in den einzelnen Gemeinden in unterschiedlichen Jahren der äußerst aufwendige Brauch organisiert wird. Es gibt einige Ähnlichkeiten zu den Auftritten der Innviertler Maschkerer, aber eben auch ganz besondere, einzigartige Figuren. 1929 wurde das Treiben erstmals

genau beschrieben, doch soll das Nebelberger Raunachtsingen schon seit 1865 bestehen. Der Bauer Michael Höfler hat sich nach dem Zweiten Weltkrieg um die Wiederbelebung des Raunachtsingens verdient gemacht.

Der Hausbesuch kommt nicht unerwartet, denn schon am 4. Jänner ist der berittene „Verschreier" unterwegs: „Habt acht! Heut' ist d'Raunacht! Und wer nit Krapfen bacht, dem wird nöt g'sungen bei der Nacht! Der Anfang is beim …" Da ist also noch Zeit, auf die „foaste" Raunacht vom 5. zum 6. Jänner Krapfen zu backen. Nicht zu wenige, denn zuletzt kamen gut 40 Maskierte von Haus zu Haus.

Der Raunachtsbrauch hat wohl einst den Sinn gehabt, den Speisezettel für das früher ärmliche bäuerliche Hilfspersonal aufzubessern. Deshalb gibt es Figuren wie den Krapfentrager (mit Stock und Buckelkorb) und den Fleischnazl. In den mit monotoner Stimme vorgetragenen „G'setzeln" geht es sehr oft um Krapfen, Fleisch oder um das Essen ganz allgemein. Wenn die ganze Gesellschaft gemeinsam das eigentliche Raunachtslied gesungen hat, das den Hausbewohnern Glück verheißt, betonen die Maskierten noch einmal: „Und wenn ma

aufs Jahr toan wiederkema, dann müasst's ins halt wieda an Krapfn schenka!" Der Hunger ist heutzutage nicht mehr so groß, drum schaut die fröhliche Gesellschaft also nur alle zehn Jahre vorbei!

Schon der Verschreier am Vortag wird von allerlei lustigen Figuren begleitet, etwa dem Rasierer und dem Scherenschleifer. Von ihren Späßen können sich die „Opfer" freikaufen. Geradezu unüberschaubar ist der Figurenreichtum beim Raunachtsingen selbst: Der Guckkastenmann mit allerlei Getier eilt voraus. Der „Platzmacher" sorgt dafür, dass genug Platz ist für die Spieler, die nacheinander erscheinen und ihre Masken erklären. Vorausgeher, Sterntreiber und der Lippl mit Pfeifferlbuam kommen als Erste. Eine der Figuren heißt Hans von Fesakern, trägt Maske und einen mit Stroh benähten Pelzmantel. Der „Korizogn" ist ähnlich maskiert. Eine lustige Szene ist das „Zusammengeben" eines Brautpaares durch den „Schulmeister", der auch Verse auf Lager hat, in denen die Hausleute auf die Schippe genommen werden. Nach den Sängern und ihrem Gefolge kommen die „Zitherer" herein, die mit einigen „G'stanzln" die Hausgemeinschaft belustigen und dafür ebenfalls entlohnt sein wollen. Unterdessen treiben böse Gestalten, Hexen, Rastelbinder, der Teufel und das Teufelsweib sowie das „Harfennandl" (eine „schiache" Frau) vor den Häusern ihr Unwesen.

✳ KRIE-

Von Monarchen und königlichen Reitern

GERTRUD FUSSENEGGER

Der Besuch der Weisen

In jener Heiligen Nacht ereignete sich noch etwas anderes im fernen Morgenland. Es geschah, wir wissen nicht genau, wo, an den Ufern des Tigris oder in den Gebirgen von Persien: Dort saßen zu mitternächtlicher Stunde drei vornehme Weise auf den Türmen ihrer Behausungen, jeder in seinem Land. Keiner kannte den anderen und doch war ihnen etwas gemeinsam: Alle drei befassten sich damit, nachts den gestirnten Himmel zu betrachten. Alle drei wussten die Namen der Sternbilder, machten sich Gedanken über die Bahnen der Planeten, über Sonnen- und Mondesfinsternisse und was wohl die Kometen zu bedeuten hätten, die dann und wann auftauchten und ihre feurigen Schweife über das Firmament zogen. Nun aber entdeckten alle drei in jener Heiligen Nacht einen neuen strahlenden Stern, den sie noch nie erblickt hatten.

Balthasar, der Mohr, dachte: „Dieses Himmelslicht bedeutet, dass in dieser Nacht ein großer König geboren wurde. Ich will ihn aufsuchen, um mich seiner Gnade zu versichern." Kaspar dachte: „Dieser neue Stern bedeutet, dass ein Gott auf die Erde herabgestiegen ist: Ich will ihn aufsuchen und ihm ein Opfer bringen." Und Melchior dachte: „Dieses Licht ist ein Zeichen dafür, dass eine neue Zeit anbricht und dass von nun an alles anders wird auf Erden. Ich will hinziehen und sehen, von wem die Zukunft ausgeht." So zogen alle drei Weisen fort aus ihrem Land mit Dienern, Kamelen und Pferden und jeder nahm vom Kostbarsten mit sich, was sein Heimat-

190

land hervorbrachte: Kaspar füllte ein Kästchen mit Gold, Melchior ein Säckchen mit Weihrauchkörnchen, Balthasar einen Krug mit Myrrhe. Auf ihren Wegen folgten sie dem Stern, der jede Nacht mit gleichem Glanz strahlte.

Der Zufall wollte es, dass sie zur selben Stunde in ein und derselben Karawanserei eintrafen. Eine Karawanserei ist eine große, mit Mauern umgebene Herberge in der Wüste, die alle Reisenden aufnimmt. So konnte es nicht ausbleiben, dass sie sich miteinander bekannt machten. Doch wie erstaunt und glücklich waren sie, als sie erfuhren, dass sie alle aus demselben Grund aufgebrochen und hierhergezogen waren und ein und dasselbe Ziel hatten. So wollten sie von nun an beisammenbleiben und gemeinsam auf die Suche gehen. Jede Nacht, so schien es ihnen, nahm die Leuchtkraft des Sternes zu. Eines Tages gelangten sie an die Grenze des Römischen Reiches, die zugleich die Grenze der Provinz Palästina, das heißt des Heiligen Landes, war.

Nun dauerte es nicht mehr lange, bis sie Jerusalem erreichten. Hier leuchtete der Stern noch herrlicher als je zuvor. Die drei Weisen überlegten. Sollten sie vielleicht hier schon ihr Ziel erreicht ha-

ben? Sollte in Jerusalem der neue König und Herr der Welt geboren worden sein?

Sie begaben sich in die Stadt, um Nachforschungen anzustellen. Und wo forschten sie zuerst nach dem neuen Königskind? Natürlich im Palast des Königs. In jener Zeit herrschte Herodes über das Volk der Juden. Ihm trugen die drei Weisen ihr Anliegen vor. Aber keine Frage hätte Herodes mehr erschrecken und verärgern können, denn er war ein böser Mann und dachte nur Böses. Er wusste, dass er verhasst war und dass so mancher nur darauf wartete, dass er stürbe. Das erfüllte ihn mit Wut. Niemandem gönnte er Thron und Krone und so hatte er schon einige seiner Söhne töten lassen, um zu verhindern, dass sie ihn beerben und an seiner Stelle herrschen würden.

Und nun kamen gleich drei fremde Weise und fragten nach einem neuen König! Das war unerhört und Herodes hätte die drei am liebsten in Stücke reißen lassen. Doch er beherrschte sich und sprach: „Ich weiß zwar nichts von einem neuen Judenkönig, aber vielleicht wissen meine Hohenpriester und Schriftgelehrten mehr als ich. Wir wollen sie befragen." Er wandte sich an die gelehrtesten Männer seines Volkes und forderte sie auf, in den Heiligen Büchern nachzusehen, ob dort irgendwo von einem neuen großen König geweissagt sei.

Die Hohenpriester und Schriftgelehrten erschraken über dieses Ansinnen, denn sie wussten, dass Herodes bei solchen Nachforschungen gewiss nichts Gutes im Schilde führte. Dennoch fassten sie sich ein Herz und antworteten: „In unseren Heiligen Büchern steht von einem künftigen großen Herrscher geschrieben und zu Betlehem wird er geboren werden.“

»In Betlehem?« Diese Antwort versetzte Herodes einen neuen Stich ins Herz. Allein er versuchte, sich nichts anmerken zu lassen, was in ihm vorging. Mit einem bleichen tückischen Grinsen wandte er sich an die drei Weisen: „Ihr habt ja gehört, wo euer königliches Wunderkind geboren worden ist. Zieht nur hin nach Betlehem und forscht fleißig nach ihm, und wenn ihr es gefunden habt, dann versäumt nicht, mich auf dem Rückweg zu besuchen und mir Nachricht zu geben, wo ich das Kind sehen kann. Denn auch ich will hinziehen und es anbeten.“

Die Weisen dankten und entfernten sich. Doch sie hatten im Traum die Weisung von Gott erhalten, auf keinen Fall zu Herodes zurückzukehren. Deshalb zogen sie auf einem anderen Weg heim. Als sie endlich in Betlehem eintrafen, wurden sie beinahe irre, dass hier das Ziel ihres Weges sein

sollte. Noch immer waren sie der Meinung, dass ein künftiger König nur als Königskind in einem fürstlichen Haus oder doch wenigstens unter dem Dach eines reichen Mannes geboren werden könnte. Doch hier in Betlehem sahen sie keinen Königspalast, nur bescheidene Häuser und arme Hütten. Schweigend zogen die drei Weisen durch die Gassen. Wo war das Kind? Da und dort drang das Weinen eines Säuglings aus einer geöffneten Tür. Doch sobald sie sich der Schwelle näherten, schien der Stern an Glanz einzubüßen.

Da kamen sie an einen Stall, eine armselige Höhle. „Hier ist es“, rief Balthasar, denn es zuckte ein goldener Strahl aus dem Stern hervor und tauchte die Höhle in unbeschreiblichen Glanz. Sie traten ein. Da war eine junge Frau und ein älterer Mann und in einer Wiege lag ein kleines Bündel, das in weiße Tücher eingeschlagen war. Die Weisen wagten kaum zu atmen. Sie knieten nieder und beteten das Kindlein an.

Die junge Frau wandte ihnen ihre Augen zu. Sie sagte nichts, sie schien zu staunen, aber so, als staunte sie nur darüber, dass etwas eintraf, was sie schon längst zuvor erwartet hatte. Dann beugte sie sich über das Kind und streifte die Decke zur Seite, damit die Fremden es besser sehen könnten. Schließlich wandte sie sich nach dem Mann um, der hinter ihr stand. Sie nickte ihm zu; auch er nickte, doch über ihre Wange schlich eine Träne.

MARLEN HAUSHOFER

Das Herodeslied

Es schneit wochenlang und weiße Gebirge türmen sich vor den Fenstern auf. Die Bauern können das Holz nicht fahren und Vater ist viel daheim. Das bedeutet für die Kinder herrliche Zeiten. Jeden Tag muss Vater das Dreikönigslied singen: „Sie kamen vor des Herodes Haus, da schaute Herodes zum Fenster heraus." Es gibt unzählige Strophen und Meta hat den Verdacht, dass Vater dauernd neue erfindet, denn jetzt tauchen auch schon die Onkel, Nachbars Stasi und Waldl im Lied auf. Und alle Figuren muss Vater spielen, Herodes, den Mohrenkönig und die Hirten, die sich benehmen wie die Holzknechte aus dem Tal. Gegen das Herodeslied hat Mama nichts einzuwenden, aber Vater weiß eine Menge anderer Lieder wie „Im schwarzen Walfisch zu Askalon" und „Es war einmal ein Kandidat, der ganz entsetzlich saufen tat". Und davon will Mama nichts wissen, sehr zu Nandis Kummer, dem es der Kandidat angetan hat. Beim Zuckersieben singt er laut: „Die Kehle hing ihm in den Bauch wie ein Hamburger Spritzenschlauch." Daraufhin hat Mama im Schlafzimmer eine Unterredung mit Vater und er kehrt reumütig zum Herodeslied zurück.

Sternsinger – klein und riesengroß

Rund um den 6. Jänner 2013 haben die Sternsinger in Oberösterreichs Pfarren etwas über drei Millionen Euro ersungen – das ist ein Fünftel der gesamten Spenden in Österreich. 16.400 Kinder waren im Bundesland im Rahmen der Dreikönigsaktion unterwegs. Österreichweit waren es 85.000 Kinder. 98 Prozent der Pfarren leisten zu diesem größten aller organisierten Weihnachtsbräuche im Land ihren Beitrag. Die Katholische Jungschar Österreichs leitet die Spendengelder an ausgewählte Projekte in den Entwicklungsländern weiter. Man verweist gerne darauf, dass jedes Sternsingerkind im Durchschnitt 180 Euro einbringt – drei Mal so viel, wie der Durchschnittsösterreicher im Jahr spendet.

Also die weihnachtliche Erfolgsgeschichte schlechthin? Volkskundler sehen das Sternsingen doch auch ein wenig kritisch. Da ist nämlich in kurzer Zeit ein tatsächlich uralter Brauch mit vielen lokalen Varianten quasi flächendeckend „umformatiert" worden und nur lokal konnten sich eigenständige Brauch-Varianten erhalten.

Auf Anregung der MIVA (Missions-Verkehrs-Arbeitsgemeinschaft) hat die Katholische Jungschar im Jahr 1955 das Sternsingen aufgegriffen, um „ein Motorrad für die Mission" zu finanzieren. Der Erfolg war unerwartet groß: 449 Pfarren aus ganz Österreich hatten sich schon beim ersten Mal beteiligt, mit dem Spendengeld konnten neben dem Motorrad noch zwei weitere Fahrzeuge finanziert werden. Aus den bescheidenen Anfängen ist eine österreichweite Initiative geworden.

Auch im Spätmittelalter, als sich das Sternsingen von den kirchlichen Weihnachtsspielen als eigenständiger Brauch herauslöste, waren zuerst Schüler und Studenten als Heilige Drei Könige unterwegs. Da die jungen Leute meist materielle Not litten, erhielten sie von den Stadtvätern und Landesherren Sonderprivilegien. Dazu zählte das Singen auf der Gasse an Sonn- und Feiertagen und

auch das Dreikönigsfest war ein guter Termin für solche Heischegänge, oft in Begleitung eines Lehrers. Die Umzüge mit dem Stern lösten möglicherweise das schon früher übliche Neujahrs-Ansingen ab. Erstaunlich übrigens, dass sich im gesamten deutschen Sprachraum die gleichen gesungenen und gesprochenen Texte verbreiteten. Das hat mit dem damals aufkommenden Flugblattdruck zu tun.

Saisonarbeiter (etwa Schiffsleute) und sozial niedrige Schichten haben den Schülern und Studenten das Sternsingen abgeschaut. So suchten 1569 vier Schiffsleute aus Laufen an der Salzach um die Erlaubnis zum Sternsingen an, „damit sy sich auch diesen wintter hinumb sambt Ihren wei-

bern und armen unerzogenen khindlein desto leichter erhalten mechten". Im Laufe des Dreißigjährigen Krieges gingen sogar ausgediente Soldaten sternsingen, um ihr Überleben zu sichern. So wie die Perchten-Heischegänge wurde im Lauf der Zeit auch das Sternsingen von vielen verschiedenen Gesellschaftsgruppen betrieben – oft in Konkurrenz gegeneinander. Die Obrigkeit hatte immer wieder Streitereien zwischen Sternsingergruppen zu schlichten und musste Auswüchse korrigieren.

Von „Magiern aus dem Morgenland" ist in der Bibel die Rede, wahrscheinlich waren es Sterndeuter am Hof in Mesopotamien, die nach ihren astronomischen Berechnungen ein großes Heilsereignis erwarteten. Sie folgten also dem Stern bis zu dem Stall, in dem Jesus geboren wurde. Schon in der Antike bildeten sich Legenden und so wurden Caspar („Schatzmeister"), Melchior („Mein König ist Licht") und Balthasar („Schütze sein Leben") im 5. und 6. Jahrhundert zu den „Heiligen Drei Königen". Psalm 72,10–15 hat die Phantasie gewiss beflügelt: „Die Könige von Tarschisch und von den Inseln bringen Geschenke, die Könige von Saba und Seba kommen mit Gaben. Alle Könige müssen ihm huldigen, alle Völker ihm dienen."

Die Heiligen Drei Könige hatten in der Volksfrömmigkeit des Mittelalters eine große Bedeutung. Ihrer langen, beschwerlichen Reise wegen

wurden sie auch als Schutzpatrone der Reisenden verehrt. Heute noch wird beim Besuch von Caspar, Melchior und Balthasar von Bauern besonders gern gesehen, wenn die Könige ihren Weg über die Felder nehmen. Seit alters her heißt es nämlich, dass jene Felder, über welche die Sternsinger gehen, doppelte Ernte bringen.

„C+M+B" und die Jahreszahl schreiben die Könige mit Kreide an Tür oder Türstock und immer wieder kann man die Erklärung hören, es seien die Abkürzungen der Namen Caspar, Melchior und Balthasar. Tatsächlich ist es ein lateinischer Segensspruch: „Christus mansionem benedicat": Christus segne dieses Haus.

❋ KRIE-

RUDOLF HABRINGER

Für einen guten Zweck

An und für sich war es ja eine gute Idee und alle haben auch sofort zugesagt. Warum nicht, haben sie gemeint, nach 35 Jahren wieder sternsingen gehen, so wie wir es als Buben gemacht haben, damals haben wir vielleicht besser singen können, dafür haben wir heute mehr Erfahrung.

Vier oder fünf Jahre sind wir damals gemeinsam gegangen; wir, das sind der Brunner Mandi, heute Richter am Landesgericht, als Sternträger, der Brenner Heli, die Krätzn, als Melchior, heute seines Zeichens Bankdirektor, der ist auch damals schon mit der Kasse gegangen, dann der Berner Erwin als Kaspar, der Erwin ist momentan unser Sorgenkind, er ist vor Kurzem pleitegegangen mit seinem Fuhrunternehmen, die Leute sagen ja, wenn ihm der Heli noch einmal einen Kredit gegeben hätte, hätte er sich vielleicht wieder derfangen. Was soll's: Wir haben gesagt, Dienst ist Dienst und Schnaps ist Schnaps, das Sternsingen ist ein Ehrenamt und der Beruf bleibt außen vor. Und last not least meine Wenigkeit, Karli Burner, ehemals Verkehrspolizist, jetzt sitze ich ja schon einige Jahre im Landespolizeikommando.

Einmal haben wir uns getroffen zur Sing- und Kostümprobe, die Königsgewänder haben wir natürlich umschneidern lassen müssen, wir sind nicht unbedingt schlanker geworden seit damals, und bei den Liedern haben wir gesagt, Hauptsache, die Melodie ist erkennbar, und wer es kann, singt einfach zu-uii, wie wir sagen, also singt einfach hinzu, damit eine zweite Stimme auch dabei ist. Selbstverständlich, haben wir gesagt, wenn wir schon gehen, dann machen wir einen ordentlichen Landrayon, den Ort sollen die Kleinen erledigen, wir wollen richtig marschieren. Und so haben's uns den sogenannten Bauernrayon zugeteilt, da geht's einen ganzen Tag lang über Hügel und Felder von einem Bauernhof zum anderen, insgesamt durch vier Ortschaften.

Meine Herren, mit dem Wetter haben wir a Glück oder a Pech gehabt, je nachdem, wie man's sieht, es hat jedenfalls geschneit und gestürmt, dass wir uns direkt an früher erinnert haben. Die ersten paar Häuser haben wir genommen wie nix, die Stimmen waren frisch und geschmiert, und dann waren wir eh schon froh, wie wir beim Windtnerbauern auf ein kleines Jauserl hineingebeten worden sind, die Altbäuerin lebt ja noch, die hat sich natürlich noch an uns erinnert, ich hab nämlich als Bub einmal mit dem Mandi eine Batterie Eier aus dem Heuboden vom Windtner herausgeflaucht und dann blöderweise an Ort und Stelle hinter der Stadltür zerschossen: Die Watschen von der Windtnerin haben ganz schön gebrannt damals. Schwamm drüber, das war einmal, beim Windtner sind wir dann eine Zeit lang gesessen und haben ein bisschen gesungen, uns aufgewärmt mit einem Glühwein und einem Schnapserl zum Weitergehen.

Das haben wir nämlich schon gebraucht, draußen war's tüchtig kalt und weit gesehen haben wir auch nicht. Gegen elf waren wir dann beim Mitterbauer, da hat es dann Würstl gegeben und einen kleinen Schnaps, es hat geheißen, zu Mittag gäbe es ein Gulasch, wir haben aber weitermüssen zum Hollinder, da sind wir dann richtig zum Mittagessen zurechtgekommen. Speckknödeln hat's gegeben, da haben wir dann einen kleinen Nachbrenner zu uns genommen, an Zwetschkernen, da Hollinder hat sich nicht lumpen lassen und einen nagelneuen Fuffziger in die Kasse eingeworfen. Wir sind froh und munter weitermarschiert. Da waren wir dann schon auf der Anhöhe oben. Ja, meine Herren, dort hat man die Straße vor lauter Schneewechten nicht mehr gesehen. Hat sich herausgestellt, dass der Erwin der Konditionsschwächste von uns ist, obwohl er das meiste Gewicht auf die Waage bringt. Dann war's schon drei, halbe viere am Nachmittag und es hat langsam zu dämmern begonnen. No, und wie wir unterwegs zum Kreuzerbauern sind, ist plötzlich dem Erwin die Idee gekommen, wir könnten einen Abstecher zur Riedler Thesi machen, die wohnt da unten neben

Monarchen

198

dem Bach. Eigentlich wäre die erst beim Rückweg fällig gewesen, aber dem Erwin haben die Füße schon wehgetan und wir wissen ja, dass die Thesi vor Kurzem geschieden worden ist und der Erwin sich in jungen Jahren vergeblich bei ihr angestellt hat. Na, und da ist er halt ein bisserl sentimental geworden. Ich hätte ihn ja verstanden, aber der Mandi ist streng geblieben. Ich bin der Sternträger, hat er gesagt, und wir bleiben bei unserer Route, alles andere ist eine zerrissene Geschichte. Dann ist es losgegangen: Der Erwin hat unentwegt getrenzt: Was habt's denn, versteht's ihr gar kan Spaß, ihm tun die Haxn weh und die Thesi würde uns sicher mit was aufwarten. Da hab ich dann erstmals registriert, dass der Erwin nicht mehr ganz so sicher auf die Füß steht. Da ist dann plötzlich der Brenner Heli lästig worden und hat den Erwin geschiefert. Glaubst leicht, dass die Thesi dich jetzt anschauert, wenn du so abgehaust zur ihr einbraten kämst, das schauert ja mehr danach aus, als ob du wen braucherst. Es weiß doch ein jeder, dass die Thesi von ihrem Ex sauber abgefertigt worden ist.

Dann ist es aber rabiat geworden. Was jetzt passiert ist, kann ich mir nur so erklären, dass der Erwin doch schon mehr intus gehabt haben muss als die läppischen fünf, sechs Stamperln, die wir gehabt, aber doch längst schon wieder ausgeschwitzt hatten. Der Erwin ist den Mandi angesprungen und hat gesagt, er lasst sich von ihm nicht beleidigen und ist ihm ans Kostüm gegangen. Da hat es einen Ratscher gemacht und der Mandi ist im Zweiteiler dagestanden und im nächsten Moment im Schnee gelegen, so schnell hast gar nicht schauen können. No, und wie er wieder aufsteht, bemerkt der Mandi plötzlich, dass die Kasse weg ist. Hat der Erwin in seinem Zorn oder in seinem Rausch die Kasse gepackt und in einem großen Bogen ins Gebüsch einig'haut.

Wir hätten die Kasse eh sicher gefunden, wenn's im Gebüsch gelegen wäre. Aber hinter dem Gebüsch ist schon der Bleicherbach, und der hat gar nicht so wenig Wasser um diese Zeit. Jetzt war's aber fast viere und so gut wie finster, der Heli war als Einziger mit einer Taschenlampe ausgerüstet und hat das Gebüsch und das Ufer nach der Kasse, in der sich sicher schon über 1000 Flocken befunden haben, abgesucht. Was nicht aufgetaucht ist, war die Kasse. Dafür ist der Heli auf einen glitschigen Stein gestiegen und plötzlich bis zu den Knien im Wasser gestanden. Bei der Gelegenheit hat er sich auf den Stern aufgestützt, aber die Stange von dem Stern war nicht unbedingt zum Nordic Walken ausgelegt und hat leider ein bisschen nachgegeben, das heißt, sie ist eingeknickt, genauer, die Stange ist in Wirklichkeit abgebrochen und der Stern ist ins Wasser gefallen und ein bisschen abgetrieben. Aber er ist nicht ganz untergegangen. Wir haben dann den Stern, der jetzt eigentlich mehr ein nasser Papierfetzen war, mit einer Haselnussstaude aus dem Bach gefischt.

Das war es dann im Großen und Ganzen.

Der Mandi hat gesagt, das braucht er sich nicht bieten lassen, und hat mitsamt seinem zerrissenen Kostüm auf der Stelle umgedreht und ist in die dunkle Nacht davon und ward nicht mehr gesehen. Der Erwin hat kurz einmal in das Gebüsch gereihert und war dann nicht mehr einsatzfähig, der Heli war mit den Nerven fertig, weil er die Kasse nicht und nicht hat finden können, und ich habe in Gedanken eigentlich schon eine Anzeige im Kopf formuliert, habe aber zum Glück nichts zum Schreiben mitgehabt. Sind wir froh, dass es heute ein Handy gibt, mein Mausi hat uns dann mit dem Auto abgeholt, wir haben gesagt, sagen wir, es war nix, ich bin dann rasch unter die Dusche.

Schön, wenn man einen Bankdirektor als Freund hat, der hat in den Tagen darauf irgendwo eine Schatulle geöffnet und den Tausender für uns gespendet.

Ob es zwischen der Thesi und dem Erwin noch zu einem Treffen gekommen ist, entzieht sich meiner Kenntnis. Zu viert getroffen haben wir Sternsinger uns seither, das muss ich ganz ehrlich sagen, nicht mehr.

Monarchen

Die Kinigreiter und Könige als Seefahrer

Prächtig schauen sie aus, die „Kinigreiter" von Neukirchen, in ihren wahrhaft „königlichen", goldbesetzten, roten, gelben sowie grünen Umhängen und mit den Kronen, die auf einem voluminösen Turban-Kopfschmuck sitzen. Monarchen von solchem Format brauchen logischerweise Fußvolk. Da sind einmal drei Treiber, die die Pferde am Halfter führen. Weiters sind vier Musikanten mit Querflöte, Gitarren und Ziehharmonika mit von der Partie. Sie tragen Lederhosen und einheimische Tracht, was einen hübschen Kontrast ergibt. Und ein fünfter Begleiter ist zum Entgegennehmen und Verwahren der Spenden da.

So also ziehen seit mehr als 50 Jahren die „Kinigreiter" am 5. und 6. Jänner durch den eigenen Ort und benachbarte Weiler im Aurachtal. Für viele Gäste, die sich das nicht entgehen lassen, sind gar nicht so sehr das Reiten und die prachtvolle Erscheinung der Gruppe das Ausschlaggebende, sondern der Gesang. Man bekommt da nämlich noch seltenes altes Liedgut dieser Region zu hören, Weihnachts-, Dreikönigs- und Neujahrslieder etwa aus Viechtau und Ebensee. Die Kinigreiter sind ein Geheimtipp für Volksmusikfreunde. Aber eigentlich gar nicht mehr so geheim, denn die Festmesse in der Pfarrkirche, die von den Sängern und Musikanten gestaltet wird, lockt jedes Jahr Publikum sogar aus dem Ausland an – so viele, dass sie gar nicht alle Platz finden im Gotteshaus von Neukirchen. All jene, die es nicht schaffen hineinzukommen, harren vor der Kirche bei oft klirrender Kälte aus, weil nach der Messe singen die Könige und ihr Gefolge natürlich auch am Ortsplatz.

Man tut es übrigens den Dreikönigen von der Katholischen Jungschar gleich und sammelt für Missionszwecke. Die „Kinigreiter" werden von den Bauern mit Freude erwartet und gern bewirtet – und die Dreikönigsgruppe ihrerseits weiß das zu schätzen, weil man sich gern aufwärmt in der Stube, wenn man zwei Tage lang singend durch die Talschaft zieht.

In Ebensee geht eine Männergruppe schon am 30. Dezember sternsingen, mit Loden-Wetterfleck bekleidet tragen sie einen beleuchteten, drehbaren Stern. Der Brauch entstand Ende des 19. Jahrhunderts, als es in Ebensee noch Nachtwächter gab, mutmaßt die Volkskundlerin Helga Maria Wolf. Revitalisiert wurde er vom Mesner Josef Engl.

Überhaupt haben sich in dieser Region noch viele Dreikönigs-Umzüge von Erwachsenen erhalten. So hat man in Gmunden zu den Weisen aus dem Morgenland eine besondere Beziehung und die rührt von einer volkstümlichen Legende her: Es wird erzählt, dass die Dreikönige die Traun abwärts gezogen und bei Ebensee an den Traunsee gekommen seien. Von dort ließen sie sich per Plätte nach Gmunden bringen. Wie es zu dieser Legende kommt, das weiß nicht einmal Johann Schicklberger zu sagen, der Jahrzehnte lang Stadtpfarrer in Gmunden war. Der frommen Sage verdankt Gmunden den berühmten Dreikönigsaltar in der Stadtpfarrkirche, ein 1678 geschaffenes Schnitzwerk des oberösterreichischen Barockbildhauers Thomas Schwanthaler (1634–1707).

Stimmungsvoller
Traunsee:
Das Seeschloss Orth
in Gmunden

Die Legende ist der Grund, dass in Gmunden seit 1947 die Dreikönige auf dem Wasserweg kommen: Früher war eine Plätte üblich, unterdessen benutzt man ein Ausflugsschiff. Auch diese Könige sind gesanglich begabt und haben singendes Gefolge – gemeinsam bilden sie das Doppelquartett Edelweiß. Ihr Auftritt ähnelt einem Staatsbesuch: Sie drehen eine Runde am Stadtplatz, dann ziehen sie ins Rathaus ein und singen vom Balkon aus Dreikönigslieder. Die Abendmesse in der Gmundner Stadtpfarrkirche wird selbstverständlich auch von den Königen und ihrem Gefolge gestaltet.

Von den pfarrlichen Dreikönigsgruppen heben sich die Sänger-Könige sehr bewusst ab: „Das von uns gesammelte Geld bleibt bei uns in der Region", betonen sie, es komme Kindern zugute, die in Not

sind. Die Ankunft der Dreikönige von der Gmundner Seeseite findet am Abend des 5. Jänner statt und ist gekoppelt mit einem Auftritt der ortsansässigen Glöckler-Pass: Lichtgestalten unter sich.

Ebenfalls am Abend des 5. Dezember gibt es in Bad Ischl einen Dreikönigsritt und auch dort ist ihr Auftreten mit einem Glöcklerlauf kombiniert. Trachtenverein und Männergesangsverein Bad Ischl sind hier zuständig und man singt ebenfalls alte Dreikönigslieder aus dem Salzkammergut. Fackelträger und Hirtensänger begleiten die berittenen Könige. Ihre Gewänder und das Geschirr der Pferde werden gerne bestaunt.

❋ KRIE-

Hausweihen

Wir schauen nun noch ein wenig über die eigentliche Weihnachtszeit hinweg, die nach kirchlichem Kalender am Sonntag nach Dreikönig endet. Landläufig gelten aber auch noch die Wochen bis Maria Lichtmess, also den 2. Februar, als „weihnachtlich". Viele Christbäume bleiben so lange stehen – natürlich nicht im urbanen Raum. Da ist schon die Müllentsorgung der Gemeinden da-

hinter und holt die abgeräumten Bäume bald nach dem Dreikönigsfest ab.

Seit mehr als 100 Jahren gibt es in Maria Puchheim den Brauch der Hausweihen. Zwischen Dreikönig und Maria Lichtmess besuchen Patres des dortigen Redemptoristen-Klosters Häuser der Pfarre. „Früher waren unsere Patres einen ganzen Monat lang im Dorf unterwegs", erinnert sich Pater Franz Kendöl. Heute wird nicht mehr so viel gesegnet, aber 30 bis 40 Familien bitten doch noch darum, das Haus zu heiligen. Man meldet sich telefonisch an oder deponiert den Wunsch nach der Hausweihe schriftlich in einem Karton, der in der Basilika aufgestellt wird.

Wie ist es zu diesem geistlichen Brauch gekommen? Als ab 1886 die Wallfahrtskirche Maria Puchheim erbaut wurde, bat der damalige Rektor des Klosters die Menschen der Umgebung darum, beim Bau mitzuhelfen, und so transportierten die Bauern mit ihren Pferdefuhrwerken Baumaterial. Die nach der Weihe der Basilika 1890 eingeführten Hausweihen waren der Dank der Patres für die tätige Hilfe. Der Besuch wird nicht zuletzt auch von diesen selbst geschätzt. „Für uns ist das eine

schöne Sache", sagte der mittlerweile verstorbene Pater Bernhard Jestl in einem Zeitungsinterview. „Denn dadurch wird eine Verbindung aufrechterhalten und belebt zwischen den Menschen, die im Kloster wohnen und den Bewohnern der Umgebung."

Nach kirchlichem Verständnis ist die „Hausweihe" natürlich eine Segnung: „Geweiht" werden Dinge, die dem Alltagsgebrauch entzogen werden (Kirchen, liturgische Gerätschaften, Orgeln). Auch die Priesterweihe entzieht den Kandidaten dem profanen Leben. Für die Häuser in Attnang-Puchheim wird also im stengsten Sinn der Segen erbeten.

❋ KRIE-

KURZBIOGRAPHIEN DER AUTOREN

THOMAS BERNHARD, als uneheliches Kind 1931 in Heerlen (Niederlande) geboren. 1935, nach vier Jahren in Wien, Übersiedlung nach Seekirchen am Wallersee, später ins bayerische Traunstein, 1946 in den Salzburger Stadtteil Maxglan. Der Großvater, der Dichter Johannes Freumbichler, setzte sich nachhaltig für die künstlerische Ausbildung Bernhards ein. 1946 endete seine Schullaufbahn im Salzburger Humanistischen Gymnasium. Beginn einer Lehre zum Einzelhandelskaufmann beim Salzburger Lebensmittelhändler Karl Podlaha. 1949 Tod des geliebten Großvaters, 1950 Tod der Mutter.

Bernhard verarbeitete seine Kindheit und Jugend literarisch in fünf autobiografischen Werken: Die Ursache, Der Keller, Der Atem, Die Kälte und Ein Kind.

1950 veröffentlichte Bernhard unter dem Pseudonym Thomas Fabian die Kurzgeschichte „Das rote Licht" – damit begann seine lebenslange schriftstellerische Karriere mit seinem unverwechselbaren Stil in Lyrik, Prosa und Drama.

Von 1965 an lebte Bernhard in Obernathal, Gemeinde Ohlsdorf, Bezirk Gmunden. Das Preisgeld des Bremer Literaturpreises, den er für seinen Roman Frost erhalten hatte, ermöglichte ihm im selben Jahr die Anzahlung zum Kauf seines Vierkanthofes. 1989 stirbt er in seiner Gmundner Wohnung an Herversagen.

RICHARD BILLINGER, geb. 1890 in St. Marienkirchen bei Schärding. In der sagen- und legendenumwobenen Innviertler Heimat lief seine Kindheit ab im Rundlauf des Bauernjahres und im Jahresbrauchtum, das, aus heidnischen Zeiten übernommen, in kirchliche Überlieferung überführt wurde. 1923 erschien der erste Gedichteband über Hugo von Hofmannsthals Vermittlung. In der Folge schrieb er Dramen (u. a. Das Perchtenspiel) und epische Werke (1955 den autobiographischen Roman „Palast der Jugend"). Kleist-Preis, Raimund-Preis und Grillparzer-Preis. Stirbt 1965 im AKH Linz.

ALOIS BRANDSTETTER, geb. 1938 in Pichl in Oberösterreich, studierte Germanistik und Geschichte in Wien und lehrte bis 2007 als Professor für Ältere deutsche Sprache und Literatur an der Universität Klagenfurt. Als Schriftsteller begann er relativ spät zu wirken, wurde aber nach der Verleihung einiger Förderpreise (Oberösterreich 1973) schnell bekannt. Zahlreiche Buchveröffentlichungen.

GERTRUD FUSSENEGGER, geb. 1912 in Pilsen, war Tochter eines k.u.k. Offiziers und wuchs in Neu Sandez (Galizien), Dornbirn und Telfs auf, ehe sie wieder nach Pilsen (zu dieser Zeit Tschechoslowakei) zog. Später lebte sie in München, von wo sie 1943 wegen der Bombardierungen mit ihren Kindern nach Hall in Tirol übersiedelte. 1961 zog sie nach Leonding bei Linz. Sie war Mitglied des Österreichischen P.E.N. Clubs, der Humboldt-Gesellschaft, der Sudetendeutschen Akademie und Ehrenmitglied des österreichischen Schriftstellerverbandes. Fussenegger starb 2009 in Linz.

KARL GATTERMEYER, geb. 1891 in Sierning, leitete von 1955–1961 den Stelzhamerbund. Als Mundartdichter war er weit über die Grenzen von OÖ bekannt und geschätzt. Auch war er lange Zeit Caritas-Direktor in Linz, wo ebenso wie in Sierning eine Straße nach ihm benannt wurde. Er starb 1975 in Linz.

HUBERT VON GOISERN, geb. 1952 in Bad Goisern als Hubert Achleitner, Studium Elektroakustik und experimentelle Musik an der Wiener Musikhochschule, freier Musiker und Journalist. 1986 griff er zum ersten Mal zur diatonischen Ziehharmonika. Nach einem Straßenmusikauftritt bekam er einen Plattenvertrag. Es folgten zahlreiche erfolgreiche Alben und Tourneen sowie Auszeichnungen. Großes soziales Engagement und gemeinnützige Projekte.

RUDOLF HABRINGER, geb. 1960 in Schwanenstadt, Studium der Germanistik und Religionspädagogik in Salzburg, Er hospitierte an den Landestheatern in Linz und Salzburg und absolvierte von 1983 bis 1985 eine Regisseurausbildung für Amateurtheater; gleichzeitig arbeitete er als Komponist an Kabarettprogrammen mit und spielte diverse Rollen an Theatern in Salzburg und Linz. 1989/90 war er Regieassistent am Salzburger Landestheater. Von 1990 bis 1994 wirkte Habringer als Pianist bei einem Tanztheater-Ensemble mit. 1993 nahm er am Ingeborg-Bachmann-Wettbewerb in Klagenfurt teil. Habringer lebt heute als freier Schriftsteller in Walding.

NORBERT HANRIEDER, geb. 1842 in Kollerschlag, Mundartdichter und Priester. 1855–1863 besuchte er das Gymnasium in Linz und legte seine schriftliche Reifeprüfung in Deutsch in gereimter Form vor. 1866 zum Priester geweiht. Hanrieder engagierte sich bei der Gründung der „Mühlviertler Nachrichten", einer katholischen Wochenzeitung, die ab 1889 in Rohrbach erschien. Mit „Bilder aus dem Volksleben" debüttierte er 1895 als Schriftsteller. Mitarbeit an der Errichtung der Ameisbergwarte sowie an Planungen der Mühlkreisbahn. Hatte er in frühen Jahren noch in Hochdeutsch geschrieben, ging er später zum Dialekt über. Er starb 1913 in Linz.

MARLEN HAUSHOFER, geb. 1920 in Frauenstein/Oberösterreich, studierte in Wien und Graz. Sie war verheiratet und lebte als freie Schriftstellerin in Steyr. Ihr Werk wurde ausgezeichnet mit dem Förderpreis zum Österreichischen Staatspreis, dem Theodor-Körner-Preis der Stadt Wien und dem Österreichischen Staatspreis für Literatur. Haushofer starb 1970 in Steyr.

BRIGITTE KIRCHGATTERER, geboren und aufgewachsen in Hellmonsödt im Mühlviertel. Ab 1991 Studium der Germanistik und Kunstgeschichte in Salzburg. Erste Gehversuche als Kulturjournalistin bei der SVZ, Journalistenkolleg. Seit 1996 ist sie Mitarbeiterin beim „Kurier" und leitet seit 2003 das Regionalbüro in Salzburg.

FRANZ KREGL, Jahrgang 1954, geboren in Mairspindt, Gemeinde Windhaag bei Freistadt. Sein Elternhaus, die Kregl-Schmiede, steht unmittelbar am Grenzfluss Maltsch. Unterrichtete lange an der Hauptschule in Königswiesen. Verheiratet, Vater von vier Töchtern.

REINHARD KRIECHBAUM, geb. 1956, Studium der Volkskunde und Kunstgeschichte an der Universität sowie Chorleitung und Gesang an der Musikhochschule Graz. Journalist und Kulturpublizist, seit 2004 Chefredakteur der Salzburger Internet-Kulturzeitung DrehPunktKultur (www.drehpunktkultur.at).

Als Musiker leitet Reinhard Kriechbaum die Choralschola St. Michael der Basilika Mondsee, die sich Werken des frühen Mittelalters widmet.

JOHANN LEONHARTSBERGER, geb. 1951 in Dimbach, aufgewachsen auf einem Bauernhof, BG für Berufstätige in Linz, Ausbildung zum Physiotherapeuten in Wien, jahrzehntelange Tätigkeit als leitender Physiotherapeut an der LNK Wagner-Jauregg, seit Anfang 2013 in Pension. Verheiratet, zwei Söhne, lebt in Gramastetten.

EVA LUBINGER, geborene Oberösterreicherin aus Steyr, lebt mit ihrer Familie in Innsbruck. Die Hauptthemen ihrer schriftstellerischen Arbeit sind Menschen- und Landschaftsschilderungen, mit Schwerpunkt England in vielen Facetten. Besinnlicher Humor, eine Art Lebenshilfe, prägt ihre zahlreichen Bücher. Eva Lubinger ist Trägerin des Innsbrucker Literaturpreises für Lyrik und erhielt vor drei Jahren den Ehrenring für Kunst und Kultur.

HANS DIETER MAIRINGER, geb. 1943, Soziologe und Lehrer an der Pädagogischen Akademie in Linz. Wohnt in St. Georgen an der Gusen. Viele Lesungen im In- und Ausland. Veröffentlichung zahlreicher Bücher, vor allem auch zum Thema Weihnachten. Etliche Preise und Auszeichnungen, u. a. Kulturmedaille des Landes Oberösterreich.

ANTON MATOSCH, geb. 1851 in Linz, österreichischer Bibliothekar und Heimatdichter. Studierte an der Universität Wien Germanistik, Geographie, Philosophie und Geschichte. Einige Jahre im Schuldienst tätig. Gründet 1882 mit Hans Commenda sen. und Dr. Hans Zötl den Stelzhamer-Bund. 1885–1895 Herausgeber der Reihe „Aus da Hoamat". Stirbt 1918 in Wien, Ehrengrab am Wiener Zentralfriedhof.

KARL MAYER, geb. 1935 in Steyr, Studium der Germanistik und der Klassischen Philologie in Wien. 1979–1996 Direktor des Gymnasiums Werndlpark in Steyr und Lehrbeauftragter an der Pädagogischen Akademie und dem Pädagogischen Institut in Linz. Seit 1980 widmet er sich – gemeinsam mit seiner Frau Elfi Mayer – verstärkt der Krippenforschung und dem Krippenbau. Viel Beachtung findet seine alljährliche Krippenausstellung „Krippen in der Prälatur" im Rahmen des Garstner Advents.

HELMUT OBERMAYR, geb. 1949 in Kirchdorf an der Krems. Maturierte am Stiftsgymnasium Kremsmünster, promovierte 1971 und war anschließend Assistent und Lehrbeauftragter am Institut für Wirtschaftsrecht (Öffentliches Recht) der Hochschule für Sozial- und Wirtschaftswissenschaften in Linz. 1975 begann seine Berufstätigkeit beim ORF-Landesstudio Oberösterreich. Ab 1999 war er Leiter der ORF-Radio-Hauptabteilung Religion in Wien. Ist der Initiator der 1988 erstmals vom ORF-Landesstudio Oberösterreich durchgeführten Aktion Friedenslicht aus Bethlehem. 2002 wurde er Landesdirektor (Landesintendanten) des Landesstudios Oberösterreich und übte diese Tätigkeit bis 2011 aus. Zahlreiche Auszeichnungen: Menschenrechtspreis des Landes Oberösterreich (1997), Kulturmedaille des Landes Oberösterreich (2001), Goldenes Ehrenzeichen des Landes Oberösterreich (2012). Herausgeber zahlreicher Bücher, u. a. zu Friedenslicht und Weihnachten.

ALFRED PITTERTSCHATSCHER, geb. 1954 in Salzburg, Studium der Musikpädagogik und Germanistik, während des Studiums Bühnenarbeiter, Drehbuchautor und freier Journalist für Tageszeitungen. Ab 1976 ständig freier Mitarbeiter beim ORF. Ab 1982 zuständig für Literatur und Hörspiel im Landesstudio Oberösterreich.

KARL PLOBERGER, war seit 1988 Redakteur im ORF-Landesstudio Oberösterreich – Aktueller Dienst. 1998 wurde er Marketingleiter im Landesstudio Oberösterreich. Schon seit frühester Kindheit gehören die Themen „Blumen & Garten" zu seinem Hauptinteresse. Schwerpunkte sind der „Biologische Gartenbau", der „Naturgarten", aber auch die Gartenkultur generell, hier vor allem die Gartengestaltung in England. Zahlreiche Buchveröffentlichungen zum Thema Garten. Schrieb 2011 seinen ersten Kurzkrimi „Der Brennnesselzüchter".

ANNELIESE RATZENBÖCK, geb. 1934 in Oftering, ist Journalistin und Autorin. Als eines von drei Kindern einer Lehrerfamilie verbrachte sie ihre Kindheit in verschiedenen Orten Oberösterreichs. 1950 absolvierte sie in Vöcklabruck die Lehrerinnenbildungsanstalt der Franziskanerinnen von Vöcklabruck und maturierte dort 1954.

Ebenfalls 1954 heiratete sie Josef Ratzenböck. Aus der Ehe stammen zwei Kinder. In den 1960er-Jahren schrieb sie unter dem Pseudonym Anneliese Röck Kurzgeschichten für die Oberösterreichischen Nachrichten. In der Folge verfasste sie für die

Zeitung als freie Mitarbeiterin Reisefeuilletons und setzte sich mit Schul-, Erziehungs- und Frauenproblemen auseinander. Ihr soziales Engagement war über lange Zeit mit ihrer Funktion als Landesobfrau der OÖ. Goldhaubenfrauen verknüpft. Sie unterstützte die Erholungsaktionen für Tschernobylkinder der Caritas. Sie wurde für ihr kulturelles Engagement mit der Kulturmedaille des Landes Oberösterreich ausgezeichnet.

ELISABETH REICHART, geb. 1953 in Steyregg/Oberösterreich, studierte Geschichte und Germanistik in Salzburg und Wien. Längere Auslandsaufenthalte in Japan und den USA, lebt als freie Schriftstellerin in Wien. Für ihre Bücher erhielt sie u. a. den Österreichischen Würdigungspreis für Literatur, den Anton-Wildgans-Preis sowie den Landeskulturpreis Oberösterreich.

MARIE-THERES SCHEIDLEDER, geb. 1938 in Graz, ist pensionierte Lehrerin. Es war ihr immer wichtig, Erlebnisse schriftlich festzuhalten – wobei die Natur für sie stets eine besondere Bedeutung spielte, da sie in ihrer Jugend viel Zeit mit Klettern und Wandern verbracht hat.

MANFRED SIMETINGER, geboren in Linz, ist Dipl. Industriedesigner.

SABINE WALLNER, geb. 1955 in Wels, Redakteurin und Moderatorin. In ihrer Sendung „Radio Tirol Nahaufnahme" trifft sie sonntags prominente und interessante Zeitgenossinnen und Zeitgenossen aus Wirtschaft, Kultur, Sport und Gesellschaft. Sie betreut die Programmpromotion im Radio und Öffentlichkeitsarbeit im ORF Landesstudio Tirol. Freie PR-Texterin.

CARL HANS WATZINGER, geb. 1908 in Steyr, gest. 1994 in Linz, ursprünglich Elektrotechniker in den Steyr-Werken. 1936–1938 hielt er sich in Jena auf und begann zu schreiben. Erste Veröffentlichungen erfolgten aufgrund von Kontakten zu den Verlegern Eugen Diederichs und Adam Kraft. Ab 1938 lebte er in Linz und war für die Tagespost (Linz), die Volksstimme und die Bauernzeitung des Reichsnährstands tätig. Bekannt wurde er durch seine historischen Romane mit deutschnationaler Tendenz, wobei sein 1938 entstandener Luther-Roman „Mensch aus Gottes Hand" am erfolgreichsten war. Er schrieb weiters Erzählungen, Essays, Schauspiele, Komödien, Spiele und Hörspiele. Er war Mitglied der Innviertler Künstlergilde.

QUELLENNACHWEIS

Bernhard, Thomas: Von sieben Tannen und vom Schnee … Eine märchenhafte Weihnachtsgeschichte, in: Huber, Martin/ Schmidt-Dengler, Wendelin (Hg.): Thomas Bernhard, Werke, Band 14: Erzählungen, Kurzprosa, hg. von Hans Höller, Martin Huber und Manfred Mittermayer, Suhrkamp Verlag, Frankfurt am Main 2003, S. 466–469.

Billinger, Richard: Palast der Jugend. Aus dem Leben des Albin Leutgeb. Gesammelte Werke, Romane, Bd. 5, Stiasny Verlag GmbH, Graz und Wien 1955, S. 78–80.

Brandstetter, Alois: Vom Schnee der vergangenen Jahre. Residenz Verlag, Salzburg und Wien 1979, S. 5–11.

Die foaste Raunacht, in: Das Hausruckviertel in seinen Sagen. Winter-Nächte, Sommer-Tage, hg. von Erich Weidinger, mit Bildern von Johann Mayrhofer, Publication Nr. 1 – Bibliothek der Provinz, Weitra 1996, S. 21–23.

Fussenegger, Gertrud: Bibelgeschichten, © 1991 by Ueberreuter Verlag GmbH, Berlin, S. 258-260.

Gattermeyer, Karl: D'Weihnachtszeit., Verlag Denkmayr 1997.

Habringer, Rudolf: Dieter Bohlen kommt zur Krippe. Weihnachtssatiren, Edition Geschichte der Heimat, Grünbach 2006, S. 17–27 sowie 78–82.

Hanrieder, Norbert: Mundartliche Dichtungen aus dem Nachlaß. Hg. von Dr. Franz Berger und Leopold Mayrhofer, Ried im Innkreis 1935, S. 49.

Hauhofer, Marlen: Himmel, der nirgendwo endet. claassen Verlag GmbH, Hamburg und Düsseldorf 1969, S. 203–204.

Kirchgatterer, Brigitte: Manchmal lebt das Christkind in Hellmon(d)södt, in: Brunner, Barbara/Kleibel, Caroline (Hg.): Lebt das Christkind hinterm Mond? Weitere Weihnachtsge-schichten für große Kinder, Verlag Anton Pustet, Salzburg 2011, S. 46–48.

Kregl, Franz: Die steinerne Brücke. Aufwachsen am eisernen Vorhang. Edition Geschichte der Heimat, Buchverlag Franz Steinmaßl, Grünbach 2002, S. 55–59.

Leonhartsberger, Johann: Der Thomassnigl, in: Erblühen, mitten im Schnee. Weihnachtsgeschichten. Hg. von Greta Hauptmann/Alfred Pittertschatscher, Illustrationen von Horst Bernhard. Licht ins Dunkel. 66 Erstveröffentlichungen von Radiohörern, Landesverlag Linz 1992, S. 66–68.

Lubinger, Eva: Es begab sich, in: Oberthanner, Ewald (Hg.), Die Allelujastaude. Besinnlich-tiefgründige, kritisch-satirische, sarkastisch-provokante und humorvolle Weihnachtserzählungen, Berenkamp Buch- und Kustverlag 2004, S. 47–49.

Mairinger, Hans Dieter: Roco, in: A Liacht is kuma. Texte für die Weihnachtszeit, Styria Verlag, Edition Oberösterreich, Wien–Graz 2009, S. 94–99.

Matosch, Anton Dr.: Gedichte in oberösterreichischer Mundart. Druck- und Kommissionsverlag von J. Wimmer, Linz 1910, S. 56.

Obermayr, Helmut: Schmankerln zur Weihnachtszeit. Herrliche Schlemmereien rund ums gro0e Fest. Das Radio-Oberösterreich-Kochbuch, erstellt in Zusammenarbeit mit der OÖ. Rundschau, Linz, Landesverlag 1994, S. 44, 93, 112, 128, 134.

Pittertschatscher, Alfred: A wie Advent, in: May, Stefan/ Pittertschatscher, Alfred (Hg.): Vorsicht Weihnachten! 43 friedensstiftende Satiren und humorvolle Geschichten für nervöse Betroffene, zwecks leichterer Umsetzbarkeit alphabetisch angeordnet. Verlag Denkmayr, Linz 1992, S. 7–9.

Ploberger, Karl: 24 Stufen – das Mysterium rund um die Kastenkrippe, in: Weidinger, Erich/Maxian, Jeff (Hg.): Mords-Bescherung. Weihnachtskrimis aus den Alpen, Hermann Josef Emons Verlag 2012, S. 51–55.

Ratzenböck, Anneliese: Gedankenreise im Advent. Mit Holzschnitten von Horst Bernhard, Veritas, Linz 1998, S. 23–26.

Reichart, Elisabeth: Die VOEST-Kinder, © Otto Müller Verlag, 2. Auflage 2012, S. 56–60.

Scheidleder, Marie-Theres: Das erste Friedenslicht, in: In dulci jubilo. Geschichten, Gedichte, Gedanken rund um die Weihnacht von picksüß bis blutrot. Freya Verlag, Linz 2009, S. 98–100.

Simetinger, Manfred: Der 24-Stunden-Truthahn, in: Die Allelujastaude. Besinnlich-tiefgründige, kritisch-satirische, sarkastisch-provokante und humorvolle Weihnachtserzählungen, Berenkamp Buch- und Kustverlag 2004, S. 75–77.

Von Goisern, Hubert: Das Geheimnis des letzten Christbaumes, in: Brunner, Barbara/Kleibel, Caroline (Hg.), Hat das Christkind Hosen an? Weihnachtsgeschichten für große Kinder. Verlag Anton Pustet, Salzburg, S. 10–12.

Wallner, Sabine: Lebt das Christkind hinterm Mond? Oder Ein vorsommerlicher Weihnachts-Chat, in: Brunner, Barbara/Kleibel, Caroline (Hg.): Lebt das Christkind hinterm Mond? Weitere Weihnachtsgeschichten für große Kinder, Verlag Anton Pustet, Salzburg 2011, S. 18–19.

Watzinger, Carl Hans: Das Nikolospiel. Drei Erzählungen. Oberösterreichischer Landesverlag, Ried im Innkreis, S. 27–30.

flickr.com: S. 21; **Forster** Dorothea: S. 43, 104, 119, 147, 159; fotolia.com: S. 4, 5, 6, 13, 17, 23, 30, 36, 45, 47, 49, 51, 52, 55, 57, 59, 63, 65, 68, 70, 71, 73, 77, 81, 82, 83, 85, 86, 87, 89, 90, 91, 92, 93, 94, 97, 98, 106, 113, 118, 125, 135, 137, 142, 163, 165, 167, 171, 172, 194, 199, 201, 203, 204, 205, 206, 208, 210; **Gemeinde Maria Schmolln**: S. 185; **Gruber** Roman, Tauplitz: S. 59; **Habersack** Christian: S. 56; **Hartl** Hans: S. 28, 37, 61, 62, 67, 79, 84, 101, 123, 127, 128, 152, 173; **Hochhauser** Ralf: S. 142, 154, 157; iStockphoto.com: S. 11, 16, 33, 36, 38, 50, 67, 99, 115, 124, 131, 189; **Joanneum** Graz, Sammlung Steffen: S. 72; **Jungwirth** Josef, Nebelberg: S. 187, 188; **Kindermissionswerk Aachen**: S. 7, 190, 193, 195, 196, 198, 202; **Mayer** Karl: S. 141, 144, 161; **Merkel** Oliver: S. 12; **OÖ. Tourismus Marketing GmbH**: S. 2, 6, 7, 119, 184; **Prangerschützen Seeham**: S. 179; **Prokop** Bernd: 44, 46, 53, 54; **Reproduktion Durrie** George H.: S. 136; **Salzkammergut Tourismus**: S. 4, 6, 183; **Schlossmuseum Linz**: S. 143; **Schmitsberger** Gottfried, Steyr: S. 145, 146, 148, 149, 150, 151, 156, 166; **Schöpf**: S. 48; **Sokoloff** Stephen: S. 58, 59, 133, 180, 183; **Tauchsportclub Steyr**: S. 107; **Tourismusverband Steinbach, T-Man**: S. 37, 39; **Tourismusverband Steyr**: S. 42; **Urlaubsregion Pyhrn-Priel**: S. 5, 71, 74; **Verein Heimatpflege Steyr**: S. 153, 154, 155.

Trotz umfangreicher Recherchen ist es uns nicht in allen Fällen gelungen, die Rechteinhaber von Abbildungen ausfindig zu machen. Berechtigte Ansprüche bitten wir dem Verlag mitzuteilen.

Lassen Sie sich entführen in die Welt der Naturkräfte!

Charakteristisch für das Mühlviertel sind seine geheimnisvollen Wälder, der aufsteigende Nebel über den Feuchtwiesen, die urtümlichen Felsformationen. Dabei ist die Landschaft zwischen Donau und tschechischer Grenze überaus reich an Naturheiligtümern, um die sich geheimnisvolle Sagen ranken: Mit Phantasie können wir in den Gesteinen jene Gestalten erkennen, die sich oftmals auch in den Flurnamen widerspiegeln. Damit gehört die Landschaftsmythologie zu den wichtigsten Quellen für diese Region, die dem Geomanten Günter Kantilli wertvolle Hinweise auf viele uralte Heiligtümer gibt.

Günter Kantilli
NATURHEILIGTÜMER IM MÜHLVIERTEL
Sakrale Plätze - Mystische Orte

216 Seiten, 17 x 24 cm
Hardcover mit Schutzumschlag
€ 24,99 · ISBN: 978-3-7012-0143-3

styria regional

Südböhmen und das Mühlviertel – Sehnsuchtsorte all jener, die die Seele baumeln lassen wollen. Johannes Jetschgo begibt sich hier auf die Spuren des mächtigen Adelsgeschlechts der Witigonen, der späteren Rosenberger. Denn die Herren von der Rose stehen für die politische Öffnung zwischen Donau und Moldau als Drehscheibe für den kulturellen, wirtschaftlichen und konfessionellen Austausch in Mittelalter und Renaissance. Lohnende Reiseziele und dramatische Schicksale illustrieren, wie sich Europa damals in einer Region spiegelte: in offenen Grenzen, in künstlerischen Meisterleistungen, in innovativen Wirtschaftsprojekten in Klöstern und Residenzen.

Ein historisches Porträt als Motivation für ein praktiziertes „Europa der Regionen".

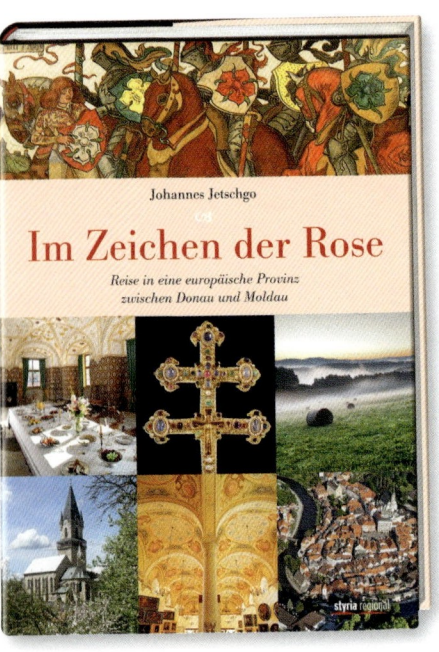

Johannes Jetschgo
IM ZEICHEN DER ROSE
Reise in eine europäische Provinz
zwischen Donau und Moldau
Fotos von Aleš Motejl

208 Seiten, 19,5 x 27,5 cm
Hardcover mit Schutzumschlag
€ 29,99 · ISBN: 978-3-7012-0142-6

styria regional